T0090161

EN UNA SILLA DE RUEDAS PARA SERVIRLE A DIOS

Marita Altamirano

Order this book online at www.trafford.com
or email orders@trafford.com

Most Trafford titles are also available at major online book retailers.

Printed in the United States of America.

ISBN: 978-1-4269-4217-4 (sc)

*Our mission is to efficiently provide the world's finest, most comprehensive
book publishing service, enabling every author to experience success.
To find out how to publish your book, your way, and have it available
worldwide, visit us online at www.trafford.com*

Trafford rev. 09/01/2010

 www.trafford.com

North America & international
toll-free: 1 888 232 4444 (USA & Canada)
phone: 250 383 6864 ♦ fax: 812 355 4082

INTRODUCION

Este libro fue inspirado y motivado por Dios, debido a los múltiples bendiciones que Dios brindó a tantas personas, en ello se narra los planes de Cristo Jesús para usar a diferentes personas y llevar a cabo sus metas.

Dios nos apartó desde el vientre de nuestra madre, por amor de sí mismo y nos permite cosas que nunca húbieramos pensado, para bien de muchos y de nosotros mismos. La vida es hermosa de cualquier modo, pero es especial com el amor y el apoyo del Señor, nunca me imaginé que tenía DISTROFIA MUSCULAR, pues ya contaba con una mayoría de edad y no mostraba síntoma alguno, pero sí, ya Dios me había llamado a su servicio. Permitió todo lo que he vivido para darles a ustedes, una esperanza, de que Dios es real y que la FE en El, mueve todas las montañas de problemas y dificultades que tengas.

Nuestras vidas son muy valiosas para el Señor, no tienes idea lo que le ha acostado a Dios, ponerme frente a tí, a través de este libro y poder expresarte, que en Dios hay solución, no importa lo que tengas o estés pasando. Cuando termines de leer este libro entenderás que Dios no tiene errores, ni hace las cosas lógicas, para nuestro entendimiento. El cuida de todo, hasta lo más mínimo de lo que te acontezca. Satanás siempre ha tenido una meta que es matar, robar y destruir. Pero si tú vas a Cristo Jesús. El torna todo lo que el enemigo ha planeado en contra de tí, y El lo transforma en bendición para tu vida. Tan solo debes creer en El, porque para el que cree todo le es posible. Permíteme hacer una oración para tí, que ayudará a prepararte para empezar una vida nueva y llena de el Espíritu Santo, que te redargulle el alma. Y te bendice grandemente, en todas las áreas que necesitas asi como: morales, físicas, espirituales, económicas y sane cada parte de tu ser, alma, cuerpo y espíritu. En el nombre de Jesucristo.

ORACION

¡Padre! En el nombre de Jesucristo, traigo a cada una de las personas que van a leer este libro, y te ruego que en tu misericordia, perdones nuestros pecados e iniquidades y nos laves con tu sangre, nos permitas entrar hasta el Reino de los Cielos; llevar nuestras almas cautivas a tu obediencia y que en tu nombre, se rompan todas las maldiciones, desde la primera, segunda, tercera, y cuarta generación de parte de tu padre y de tu madre, renuncio a toda obra de el maligno, brujería y hechicería a todo pacto directo e indirecto.

¡Padre! Llena el corazón de tu pueblo y mira sus necesidades, por amor de tu nombre, en el nombre de Jesucristo, toca cada alma con tu Espíritu Santo. Tu palabra dice: "Que todo lo que pedimos en el nombre de Jesucristo, Tú nos lo das, y que si Tú permaneces en mí y yo en Ti, todo lo que te pido, Tú nos lo das. Clamamos delante de tu presencia y te suplicamos, por tu inmensa bondad, que pongas en evidencia, que somos tus hijos lavados con tu sangre preciosa y actos para la vida eterna, por medio de Jesucristo, fortalecidos en el Espiritu Santo, y llenos de El, para estar preparados para toda buena obra.

Tú eres un Dios maravilloso, que guarda a tu pueblo, dándole bendición y así como estuviste con los antiguos, en el tiempo de la visitación, que tu mano estuvo para proteger y guiar. Te ruego que estés con cada uno de aquellos que hoy has querido que empiecen a leer este libro. Y con la autoridad que Tú me has dado, bendígalos en Cristo Jesús, Dios nuestro.

¡AMEN!

LLAMAMIENTO DE LAS
TINIEBLAS A LA LUZ

Era una persona normal, con aspiraciones y con sueños de grandeza, joven, sana, no imaginaba lo que en tiempos venideros tendría que sufrir y enfrentar. Mis padres eran de la Iglesia convencional y por lo tanto el conocimiento que tenía de Dios era muy impersonal. Estudiaba el tercer año de secundaria. Esa noche dormía, cuando el Señor me llamó, soñé que había muerto, estaba en su presencia, el tenía un traje largo, con un cordón en su cintura, el Atrio es color marrón, y sus luces penetrantes, que solo sus pies le pude mirar hasta su cintura, todo estaba alfombrado.

Dice ¿Sabes dónde estas? ¡Sí, Señor! ¿Sabes por qué estas acá? ¡Si Señor! Entonces, El me dijo ¿Dime, lo bueno que tu has hecho?

Solo guardé silencio. No había nada que decir. ¡Bueno! ¿Dime lo malo que tu has hecho? Le dije cosas que jamás pensé que eran malas, no podía callar, era algo que se dijo sin poder detenerlo.

Habían dos puertas una ancha y la otra angosta, exactamente iguales, barnizadas iguales con el mismo diseño, pero El me mandó para la ancha.Solo le dije ¿EL INFIERNO? El contestó: ¡Sí! ¿Por qué Señor? Por que has estado este tiempo en la tierra y no me has dedicado ni una hora para mí.

Señor yo he asistido a la Iglesia, desde que me recuerdo que era niña, (mis padres nos llevaron siempre a la Iglesia y en la adolescencia asistí a los servicios litúrgicos de cada semana) ¡Sí! Respondió, pero no has recogido ni una hora para mí. Así que toma esa puerta. (Habian dos puertas exactamente igual, con el mismo diseño, y el mismo barnis. Solamente que una era ancha y la otra muy angosta.) La puerta ancha, sabía que era el infierno. Lloré amargamente en su presencia, para que me perdonara y me permitiera regresar. El me dijo - que si, pero que me permitía regresar, solo para hacer el BIEN.

El tubo la misericordia de perdonarme y me -dijo. Regresa, solo me devolví, miré un mundo tan cerca de allá, se ve todo tan cerca, y al caminar para mi regreso solo me llamó, "OYE", miré para atrás y me señaló con su dedo, - Recuerda solo tienes una oportunidad, porque te mando hacer el Bien.

En la mañana siguiente solo me levanté con un propósito, buscar a Dios dónde estuviere, con quien estuviera, y mi único objetivo era encontrarme con El. Lo más cercano, era la Iglesia convencional, estuve dos años asistiendo, pero no me llenó, había algo más que necesitaba.

Durante esos dos años, encontré a un hombre. El no conocía a Cristo,y me casé con él. Su familia era Cristiana, comentaban todo el tiempo la obra de Dios, estaba embarazada de mi hija,con siete meses y me interrnaban siempre en el hospital, porque tenía síntomas de aborto, lo que él ganaba económicamente, era solo para pagarle al Médico, así que oraba, para que Dios nos diera lo que la niña necesitaba.

La situación económica, no era buena por lo que el padre de mi hija decidió emigrar a América del Norte, dejándome con la niña de tres meses, necesitaba encontrar un apoyo, y Cristo Jesús era lo que más yo ocupaba, la soledad, la tristeza, el dolor, y el sufrimiento estaban presentes a partir de que él, se marchó, continué buscando lo que mi alma deseaba.

Por este tiempo se acercaba la Semana Santa, era tiempo de reflexionar, Dios por favor quiero conocerte como eres, ya no quiero adorar imágenes de madera,bronce, oro, yeso; quiero conocer al que creó los Cielos y la Tierra, fue mi oración una mañana. Pasaron tres días cuando un hombre tocó a mi puerta, este hombre era un Pastor, me dijo- estaba orando y el Señor me dijo que viniera, El me explicó que tú le dijiste: "Ya no quiero adorar imágenes de madera, bronce, oro, yeso, quiero conocer al que creó los Cielos y la Tierra, solo le miré, estaba con mi boca abierta, pues tres días antes habían sido mis palabras a solas, nadie estaba ahí, además a este hombre jamás le había visto antes.

Le dije: ¡sí exactamente! y me dijo: ¿Usted ya es salva? No sabía que era eso y él me explicó que si tenía a Cristo en mi corazón. ¡ Dios! Lo he buscado tanto que no sabía si estaba ahí o no, pero me citó Marcos 16 -15 en adelante, "Id por todo el mundo y predicad el Evangelio a toda criatura el que creyere y fuere bautizado, será salvo; mas el que no creyere, será condenado." ¡Dios! Mi alma gritaba por serlo, mi alma quería ser bautizada, mi pregunta fue: "¿Qué me impide ser bautizada?" El solo dijo: Que si creía en Jesucristo, nada me lo podía impedir.

Me había casado, tenía una niña y mi esposo no estaba conmigo, él se había mudado para una ciudad de U.S.A. Que ni imaginación tenía donde ni como era, solo sabía que tenía una hija y una fe suficiente para hincarme en la presencia de Dios cada día, desde las seis de la tarde hasta la una de la mañana.

Mi sueño era que el hombre con quien me había casado, conociera de Dios, como le había conocido yo, pero era difícil poder explicarle a alguien que estaba tan lejos las maravillas de Dios, así que mejor decidí irme a reunir con él allá. Pero el nueve de Octubre, como siempre me hinqué, Dios en su misericordia vino a mi y me llevó a una tierra lejana, en el espíritu o en el cuerpo, no lo se. Pero esa tierra era negra y un árbol inmenso estaba ahí. El estaba debajo de ese árbol y puso su mano sobre mi hombro derecho y me dijo: "Hija mía hace tanto tiempo que no teníamos una comunión así, te he traído acá para decirte que he trazado tu vida en un plan y cuésteme lo que me cueste lo voy a cumplir, si tu esposo y tu hija interfieren; te los quito para que te quedes sola como al principio para que cumplas mi voluntad".

Lloré amargamente y le pedí que por su misericordia no me los quitará, solo preguntó, con su voz muy triste: "¿A caso les amas más a ellos que a mí?" No Señor no les amo más que a tí, pero ten en cuenta que les necesito, me repitió por segunda vez: "¿Acaso les amas más a ellos que a mí?" Señor no les amo más que a tí, pero los necesito...Y vino la tercera vez con su voz, aún más triste que antes: "¿Acaso les amas más a ellos que a mí?" Señor mira mi corazón yo no les amo más que a tí, pero los necesito. Has que el se combierta a ti, Yo lo he llamado muchas veces y él no a hecho caso de mí, ya no le llamo mas, y no lo he desarraigado de la tierra para siempre, por que mi misericordia prevalece sobre ella.

Me mostró a mi hija en la cuna; me la mostró como estaba durmiendo, dice: "Es mejor que me la traiga así y no dejarla para que, de aquí a unos años ella se revele contra mí. Pero mientras El hablaba, solo me veía como en una pantalla de televisión, con un niño, era un varón; estaba entre mis brazos envuelto en una sábana blanca, me dijo:

"Si me desobedeces, parirás este niño y es la cruz tuya para el resto de tu vida". Me vi en una ciudad lejana sola, sin mi hija ni mi esposo, solo con ese niño. Me reveló muchas cosas que no me permitió jamás revelar...

El se acuclilló y trazó con su dedo en la tierra negra una línea, pero cuando trazó esa línea era blanca y dice: "Así será tu vida si te los quito a ellos. Pero me pides que te los deje, te los dejo". Inmediatamente calló una sombra hasta la tercera parte de la línea y pregunté "¿Que significa esa sombra?" El solo contestó: Dolor, angustia y sufrimiento porque eso es lo único que ellos te pueden dar.

Mi hija tenía nueve meses y no sabía nada de el padre de ella, él no volvió a enviarme dinero, así que decidí sacar la visa y viajar a buscarlo. Me dieron la visa, como el Señor me lo había dicho, dos meses antes. La visa me la dieron el cinco de Diciembre, y el nueve de Diciembre se la dieron a mi hija. Compré el boleto para un veintinueve de diciembre, me despedía de mis padres, (ellos nunca estuvieron de acuerdo que me casara, así que tampoco estaban de acuerdo que lo buscara). Así que me dijeron, como te dijimos que no te casaras, te decimos que no te vallas, solo fui y doblé mis rodillas en oración.

Me llevó a una zarza ardiente, (En el espiritu o el cuerpo no lo sé) y dice: "Dobla tus rodillas porque el lugar donde estás Santo es; ¿Hija mía a dónde vas?". Voy a buscar a mi esposo (Estados Unidos). "Sabes que si te vas, vas a fracasar por que yo no voy contigo", Señor pero yo lo amo y no quiero perderlo. "Hija entre un tiempo, medio tiempo y un cuarto de tiempo. Yo lo traeré, pero no te vallas".

Yo le amaba tanto que esa palabra se convirtió en una tortura, no sabía cuanto era un tiempo, medio tiempo, y un cuarto de tiempo, me sometí a ayuno y oración para que el Señor me dijera cuanto eran estos tiempos, pero El me contestó: "No te puedo decir cuanto es un tiempo, medio

tiempo y un cuarto de tiempo, por que te vas a desesperar",
yo le dije - la Biblia ella me dirá cuanto es. "La Biblia no dice
cuanto es un tiempo, replico".Y le dije le preguntare al Pastor
cuanto es un tiempo y el me respondió, no hay hombre sobre
la faz de la tierra que sepa cuanto es un tiempo. El tenía un
libro muy grande abierto, con su lápiz color gris, grande,
pero el borrador era aun más grande y escribió, el día y la
hora en que lo traería, yo traté de mirar cuando era y El lo
ocultó, poniendo su mano sobre el libro, le volví a preguntar
que por qué no me decía (o me dejaba ver lo que escribió)
fue su respuesta, no por que te vas a desesperar. Mucho
tiempo después entendí lo que la Biblia habla del Libro de las
Memorias, Malaquías 3:16. Entoces los que temían a Jehová
hablaron cada uno a su compañero; y Jehová escuchó y oyó,
y fue escrito libro de memoria de lante de él para los que
temen a Jehová y para los que piensan en su nombre.

LOS TIEMPOS DE DIOS CUMPLIDOS

Me quedé, perdí mis boletos de avión y el trece de abril a la una de la mañana, tocaron la puerta era el padre de mi hija, completamente cambiado un hombre en apariencia y corazón completamente diferente, llegó y preguntó porqué estaba tan delgada (tenía siete meses de ayuno para que él regresara a mi lado). Gracias a Dios que te trajo,fue mi respuesta, sabes que no te voy a perdonar que hubieras pedido a ese Dios tuyo que yo regresara a este país, donde no quería regresar, me mostro una foto de una mujer y me dijo que a ella la amaba. No te hagas ilusiones porque en ocho días me regreso.

Estudiaba en la Universidad y trabajaba en la escuela, así que no tenía mucho tiempo para ver a mi hija, y el no llevaba dinero, no quería trabajar se dedicó a tomar, tenía problemas con el alcoholismo, no podía hincarme a orar porque me decía: Que si le estaba pidiendo a Dios que no lo dejara regresarse... Solo oraba para que el pusiera el amor que había perdido para mi hija y para mi. Teníamos juntos un mes y recibí el pago de mi trabajo para pagar las deudas que el ya había hecho en el bar.

El dinero no alcanzó para comprar comida, él me tomó y me dio una golpiza que mi cuerpo estaba moreteado. No era fácil sufrir una violencia domestica de esa manera, estaba estudiando en la Universidad, y los profesores preguntaron que había pasado, pues los golpes eran evidentes. La trabajadora Social me ayudo, y me otorgaron una veca con lo que pude pagar los estudios. Dios siempre torna lo que se ve como desgracia en bendición para sus hijos. El Diario Matutino siempre amonestaba acerca de la violencia familiar, por que muchas mujeres eran acesinadas por sus esposos, no era cuestión de amor, si no de salvar la vida ante un atropello asi. Ahi entendí que el amor que tenia para el no era suficiente para mantenernos juntos, o para soportar el maltrado físico y verbal. Teniamos que amar los dos para poder vivir juntos, pues la palabra dice: Andarán dos juntos, si no estuvieren de acuerdo? Amos 3:3 Y era evidente que no estabamos de acuerdo. Las razones eran evidentes ya el había estado en adulterio y sus sentimientos cambiaron, por lo tanto Mateo:19:9 Y yo os digo que cualquiera que repudia a su mujer, salvo por causa de fornicación, y se casa con otra, adultera; y el que se casa con la repudiada, adultera. Dios me había guardado de todo para cuando el regreso, asi quien tomo la decisión fue el y por lo visto era muy poco lo que se podía hacer.

Solo tomé a mi hija y me fui para no volver, entendí el por qué Dios no me dejó viajar a buscarlo, ya él había perdido el amor, el cariño, el valor de todas las cosas. Continué estudiando y trabajando, nos separamos, no era fácil enfrentar la vida con una hija y un síntoma de problemas para caminar que se evidenciaba en mi pierna derecha. El llegó a pedirme que orara pues había intentado muchas veces viajar y no podía, llegó a decirme que orara para que Dios le permitiera regresarse (Estados Unidos). El reconoció que era imposible venirse si Dios no le abría la puerta, ya que por lo que clame para que lo regresará, Dios le cerro toda forma de salir del país, así que oré para que Dios hiciera su perfecta voluntad en la vida de él, como en la mía. Un mes después me llamó para decirme que ya había llegado, y que estaba bien. Nunca más le volví a ver.

EVANGELIZACION FAMILIAR

Al tener a Cristo Jesús conmigo quería darle a mi familia y amigos que Cristo era real. El podría prosperar y guardar a quien le buscare, así que llegué donde mis padres y mis hermanos, a predicarles, mi padre un hombre correcto en hecho y palabra devoto de la Iglesia tradicional. Solo dijo, que era su hija y era bienvenida solo si no hablaba de ello, porque el aborrecía a los Evangélicos, me dolió mucho porque yo tenía muchas cosas que compartir con ellos. Mi hermano Luis fue un hombre que escuchó lo que le presentaba de Cristo, fue así que una noche orando Dios me envió, pero no tenía dinero para pagar el pasaje del autobús, la siguiente mañana el abuelo de mi hija tocó la puerta muy temprano, y me dice: ¿ "Necesita dinero? El Señor me dijo que le diera esto; era el dinero que realmente necesitaba para viajar a darle el mensaje que el Señor quería para mi hermano".

Lo que debía decirle: "Que no sufriera por sus hijos, que un día, El le proveería lo suficiente para ayudarles y que ellos estarían con él". Luis había procreado un varón que su madre lo había llevado a EE.UU. desde que tenía un año, tenía una niña que vivía en Nicaragua, y dos más que vivían en el Atlántico del país. Pero que por la distancia y otras circunstancias tampoco veía desde que eran chicos.

Ya él se había casado y mi padre le heredó una tierra, estaba mal económicamente, pero a partir de ahí Dios comenzó a bendecirle, le dio un negocio de abarrotes que tenía de venta de todo incluyéndole alcohol.

En esa época continue sintiendo un problema de cansancio en mi pierna derecha, trabajaba como Profesora en una escuela y cuando tenía mucho de estar de pie, me cansaba, visité al médico, solo me dijo: Que no sabía que era, me investigó junto a mi hermana mayor Lorelly porque ella, años antes, había presentado el mismo síntoma.

El médico dijo que necesitaba operarme la rodilla para que el problema se corrigiera, en la oración de la noche el Señor me dijo: Que no me OPERARA, que dejara todo en sus manos que El sabía lo que estaba haciendo y que le dijera a Luis que no podía vender más alcohol, que quitara esta parte del negocio por que le estaba restando bendición.

Era una parte fundamental del negocio y a él le costo obedecer, Lorelly aceptó a Cristo y se asió de él con fe, su hijo de doce años quien vivía atormentado, su comportamiento era rebelde, mal hablado y todo le molestaba, en medio de la adolescencia, oramos Dios reveló que tenía doce demonios, que necesitaban lo que dice la palabra... Mateo 17: 21 "Este genero no sale si no es con oración y ayuno", así que nos reunimos en ayuno y oración, una mañana el grupo de Oración clamo a Dios por la liberación del joven. Ya tenía quince demonios, porque habían venido tres más para reforzarles. (Estos demonios tienen diferentes formas para salir, general mente duele cuando salen y pueden hacerlo por vómito, bostezo, sudor, eruptos, en gritos, llanto, escupiendo, por orines, etc. General mente también necesita mediar el perdón). Dios le libertó desde eso fue un niño con amor y obediencia, amador de Dios y de sus padres, con la experiencia de ver todo esto, realmente, muchas veces el ser humano tiene comportamientos difícil y Dios con su bondad y misericordia, libera, reprende y exhorta para bendición de la persona y los que le rodean.

CONSTRUCCION POR FE

Durante los años en la Universidad, me nombraron, en varias escuelas, por pocos meses, el Director Regional me explicó que me daría la escuela para todo el año hasta que fuera graduada; pero una vez que obtuve el título como Profesora, le visité junto a mis dos compañeras de estudio, cuando llegamos nos dijo que había un problema, no nos daría la escuela interina, sino en propiedad,¡wow! obtener eso solo Dios lo podría dar.

La fe crecía como mi problema físico también, era paulatino, trabajaba en esa escuela. La escuela se encontraba en un lugar que necesitaba montar a caballo dos horas para salir de ahí, como para entrar a ese lugar, en la choza donde vivía no había luz eléctrica; solo velas para alumbrarse y alacranes que abundaban por doquier, había que revisar que no te acostaras en uno porque de seguro ibas a dar al hospital, y el más cercano estaba a cuatro horas de ahí. Oraba para que Dios nos bendijera con una Escuela porque solo estaba tapada con palmas de Palma Real, planta que abunda en ese lugar.

Así que nos pusimos a ayunar para que Dios proveyera, un edificio para la escuela, visité diferentes instituciones solicitando el financiamiento necesario y Dios estaba con nosotros para abrir las puertas, ya que el pueblo donde se construiría fue dado por el Gobierno era una finca que se repartió en ochenta familias, con una población de trescientas cincuenta personas, entre ellas ochenta y ocho niños en edad escolar, todas las personas habitaban con sus casas hechas de palma real también (Planta que se crece en los climas tropicales y se usa para techar las casas y su fruto para hacer aceite vegetal) .

Cuando les expuse la necesidad de construir la escuela y la Casa del Maestro, ellos se sorprendieron, por que ellos tenían problemas para mantener sus familias y pensaron que no tendrían para construir una escuela.

En idas y venidas a las oficinas gubernamentales, pasó vario tiempo, recibí una llamada por la radio que me indicaba que era estrictamente necesario comunicarme con el Ministro de Obras Públicas y Trasportes, ya que el tenía como dar todo lo que necesitábamos, para la construcción de la escuela. Eran las doce del día y a caballo se tardaba dos horas para llegar al teléfono más cercano, pero en ese asentamiento se encontraba un varón con una motocicleta, el cual me llevaría a ese lugar, había llovido por tres días consecutivos, el río, estaba muy crecido casi llegaba al puente de hamaca, cuando cruzamos. El Ministro me dio una muy buena noticia, tenía todo el material suficiente para otorgarlo a la construcción de la escuela.

Cuando regresábamos nos encontramos con un joven que era el novio de la joven que me hacia la limpieza de la casa, el me ofreció un casco para protegerme ya que no contaba con uno, y el iria a ver la joven a casa, con eso se lo devolvería.yo no sabia lo que acontesería pero Dios ya lo había previsto. El varón, me dio un maletín de cuero con su faja ancha, como se me caía constantemente, me la puse alrededor del cuello, pasando el casco de protección, que por cierto lo había asegurado muy bien, pensando que por aquello de un accidente no se me fuera a salir de la cabeza.

Cuando tomamos el puente de hamaca que traviesa el río, el agua pasaba sobre el puente y era imposible sostenerse, así que el varón, me pidió que descendiera de la motocicleta, y que me sostuviera de ella, pero no podía, porque mis zapatos se estaban resbalando, me los saqué y los tiré desde donde estaba, y no estábamos lejos para salir, solo miré una cabeza de agua, que calló sobre nosotros en el puente, y nos sacó, quedando en medio del río, el agua nos arrastró, de él no supe nada ni de la motocicleta.

Yo caí al río, luché muchísimo, nadé todo lo que pude y las fuerzas se me terminaron, el maletín estaba lleno de agua, y traté de quitarme la faja del maletín, y no fue posible, el casco no me lo permitió por más que me esforcé, me agarré con todo lo que pude de una roca inmensa, pero el agua, las piedras y las ramas de los árboles me golpearon y me hundían por más que traté, el casco se llenó de agua y me servía de arma de doble filo, me defendió de mucho, protegiéndome, pero al estar con tanta agua me obligaba a sumergirme en la corriente, cuando ya no podía más, supliqué a Jehová, que por amor de su nombre me sacara de ahí. Solo sentí sus manos tan grandes que me llevaron a la orilla, a una raíz de un árbol, me sostuve y logré quitarme el maletín, la corriente se lo llevó, con muchos documentos importantes, salí de rodillas pues no tenía fuerzas para levantarme, me senté en una roca y lloré por dos horas, recordé toda mi vida, tenía un resentimiento hacia mi ex marido, por haberme abandonado y siempre pensé que lo que yo hiciera, él llevaría parte de responsabilidad.

Entendí que lo que me pasará, solo Dios y yo en ese lugar lo íbamos a saber, y mi ex- esposo ni cuenta se daba que yo casi pierdo la vida, que era yo quién daría cuenta de mis actos delante de Dios. Por eso lloré, cuando escuché la voz de una persona al otro lado del río, que gritaba mi nombre, le contesté que ahí estaba, él se tiró a cruzar el río a nadó, pensé que le pasaría como a mi, pero él estaba acostumbrado a nadar, además la corriente ya había bajado bastante. Verificó que estuviera bien, y trajo un caballo, para poder sacarme de ahí, pero aún faltaba una prueba más, cruzar el río a caballo, por que el agua se había llevado parte del puente y por lo tanto solo quedaba el caballo, supliqué a Dios que me ayudara, la corriente nos arrastró, pero salimos gracias a Dios. El varón, salió y el fue quién dio aviso que me había ahogado y que solo un zapato tenían de mi. Al momento todo el pueblo conocía la noticia del accidente. La motocicleta nunca apareció, el río la perdió. Valoré la fortaleza y la grandeza de Dios, solo El, pudo sacarme de ahí, con vida, pues la enfermedad ya había avanzado bastante y la debilidad muscular era mucha, por eso solo Dios, hizo posible que no me ahogara en ese río. Le agradeci a Dios por el casco que el joven me dio y que de verdad me defendió de mucho. Se lo devolví con pena pues estaba bastante rayado de los golpes que se llevo.

La oración era que Dios proveyera lo que se necesitaba para edificar la Casa para el Maestro ya que en la que vivía, estaba llena de alacranes, que abundaban por todo, antes de irme a la cama, se revisaba todo, pues esos animalitos pican y es muy doloroso, que a esa distancia era difícil llegar al hospital. La escuela, estaba en muy malas condiciones; Dios hizo el milagro, el gobierno donó el dinero y material, se construyó la escuela con dos aulas, comedor escolar y la Casa del Maestro en termino de tres años. Solo quería que el siguiente Maestro que llegará, a trabajar a esta escuela, no pasará por lo que yo pasé, en medio de alacranes, víboras, y exponiendo su vida, para darles a los niños un mejor lugar para aprender.

La situación económica, no estaba muy bien por que se gastó mucho en todo lo construido pero Dios fue fiel para dar lo que necesitamos.

DIOS DECIDE SACARME DEL MAGISTERIO

Dios seguía obrando, en tiempo de vacaciones orando él Señor me explicó que me sacaría del Magisterio para que le sirva, que no podría continuar trabajando. El médico indicó dos meses después que lo necesitaba, que me incapacitaran por dos meses. Me mandaron a casa, lloré pues extrañaba mi trabajo. Me dediqué a tiempo completo a servirle al Señor.

Continué orando, esa tarde estaba Lorelly que debido al problema físico que ella tenía ya estaba en silla de ruedas y nunca se había casado, aunque había tenido dos hijos. Una hermana en Cristo y su servidora en medio de la oración y siendo la primera vez que Dios nos decía que: "Lo que le pidiéramos el lo daría". Lorelly le pidió un ESPOSO, si tenía a uno en todo este universo que se lo diera, Estela le pidió una casa, pues ella tenía dos hijos y no tenía absolutamente nada, donde vivir ni trabajo, yo necesitaba un carro, El me mostró un carro en la cochera estacionado era blanco con una barra negra, se veía lindo, entonces le pedi mi sanidad dijo: Que lo de sanidad era otra cosa.

El médico indicó que habían esperanzas para saber que teníamos Lorelly y yo, la internaron a ella para hacerle el estudio y determinara que se trataba de una Homeopatía Familiar Progresiva (DISTROFIA MUSCULAR) que no había cura en mi país ni en ninguna parte del mundo. < Solo DIOS era nuestra esperanza>.

Juan un hombre que le servía a Dios y clamó a Dios por dieciocho años, para que le diera una esposa, le conoció y el amor a Dios los unió en ese hospital, así que salieron del hospital y nos pusimos a trabajar para organizar la manera de obtener la casa de Estela, El Señor nos reveló como podríamos hacer para solicitar un bono económico para levantar dicha casa, nos dijo que buscara a un hombre de nombre Jorge que era el Gerente de esa Institución Gubernamental, en mi vida no sabía de él, así que por la mañana, me alisté y me fui a buscarle, con un tremendo susto ya que solo una palabra que Dios la noche anterior me dio, me dispuse a buscar a este hombre.

Buenos días, buenos días contestó una mujer que por su aspecto era su Secretaria, necesito ver al señor Jorge, me contestó que él no estaba, que llegaría después, lo esperé y al fin llegó, ella solo me dijo que era él. Entré a su oficina le expliqué que soy Cristiana y estaba orando, Dios me dijo que usted podría ayudarme para obtener una casa para una familia que tiene dos hijos uno de ellos esta enfermo y su madre es madre soltera, él sonrió y me dice: "Mi esposa es de tu creencia también", yo se, que me quieres decir, tengo una solicitud de cuatrocientos veinte millones para un Proyecto Habitacional, si Dios hace que lo aprueben yo le doy cuatrocientos veinte mil colones, para hacer esa casa, búsquela y Dios nos bendiga con ello. Salí con mi corazón regocijado, Dios me envió a buscar el financiamiento, conocía el poder y los planes de Dios, por eso estaba segura que también le bendeciría a ese hombre con su proyecto.

Llegué con toda la información, necesitábamos buscar una casa de ese precio, le encargamos a ella que buscara esa casa, pasados tres días con sus pies con vejigas –dice: "Dile al Señor que me indique cual casa es la que me quiere dar", por que yo no la he encontrado. Así que nos refirió a un hombre llamado Rafael quien tenía una casa para la venta en setecientos mil colones, le explicamos la situación y él porque necesitamos que nos vendiera esa casa, muy amable nos ofreció ciento cincuenta mil colones de aporte y nos la vendía en quinientos cincuenta mil colones, así que ya teníamos la promesa de cuatrocientos veinte mil colones, nos restaba conseguir lo demás.

Oramos en suplica para saber donde obtendríamos el resto del dinero, el Señor nos explicó que haríamos una maratón para recoger el resto del dinero que nos faltaba, era para el mes de octubre, construimos cajitas con versículos Bíblicos y un pequeño resumen de la historia "Casa para Andrea" así se llama la niña de Estela que estaba enferma de los huesos. Trabajamos día a día para recoger los permisos y realizar la MARATON el día doce de Diciembre que por cierto pagaba el aguinaldo (Dinero extra del sueldo cada año). La Emisora Radio Sinai nos haría el favor de trasmitir el evento.

Donaciones venían tanto en dinero como en comida y ropa, llegó la tarde Dios proveyó más de lo que nosotros habíamos pensado, ya teníamos lo que nos faltaba, entonces Jorge el Gerente de la Institución, que prometió los cuatrocientos veinte mil colones, llegó ahí, con el documento para hacer el trámite de pagar la casa, no solo Dios nos dio para pagar la casa, sino para amueblarla con todo lo que necesitaba, y a la vez ayudar a nueve familias más que tenían problemas similares.

Trabajaba en la escuela, pero mi problema físico había aumentado, por lo tanto, el Médico decidió continuar con la incapacidad. Orando, Dios decide sacarme del Magisterio de Educación para que le sirva plenamente. En la visita al Médico el decide INCAPACITARME PERMANENTEMENTE, pues sabía que el problema físico no tenía medicina, cuando el Médico me manda a casa, solo pensé que Dios lo estaba decidiendo a través de él, pero aún así, no era fácil perder una vida diaria de trabajo con mis alumnos y compañeros, amaba mi trabajo, pero sabía que era un reto lo que venía, la Doctora salió a buscar los documentos para que se los firmara, al regresar ella, me encontró llorando, solo dijo he mirado tanta gente que busca una incapacidad sin tener nada. Usted que la requiere llora, al salir la Secretaria me dice: "Felicidades ya no tiene por que preocuparse", pero ellos no entendían lo que estaba dejando atrás.

Saliendo de la oficina del Médico, Dios me habló diciendo, que para darme el carro que yo necesitaba, que cuando obtuviera el dinero de la incapacidad, pagara todo lo que más precisaba ya que pronto me daría el carro, en mayo veintiuno me incapacitan, mi hermana y Juan se casan el veintitrés de mayo, con la bendición de Dios yo había cuidado a mi hermana por su problema, pero ya se la entregaba a su esposo quien se encargaría de ella, pues su problema es similar al mío pero mas avanzado.

Dormía aquella mañana, cuando la joven del servicio me despertó alguien la busca, me levante y eran dos mujeres nunca las había visto, solo dijeron que alguien les había hablado de mi que si las podía fiar en el Banco por que estaban prestando dinero, y me ofrecieron que ellas dos me fiaban a mi,!Wow! que era aquello, solo pensé Dios estará de acuerdo ya que la palabra dice "Quítale su ropa al que salió por fiador del extraño, y toma prenda del que sale fiador por los extraños. Prov. 20:16" En este caso no tomaba sus ropas si no que ellas me fiaban y yo a ellas. Quedábamos comprometidas entre las tres.

El Banco aprobó los préstamos y tenía el dinero para el carro, solo me puse a orar y una tarde de lluvia entró un carro a la cochera de la casa era blanco con su para choques (bumper) negro, era el carro que meses antes Dios me había mostrado, me imaginé que estaría demasiado caro, pero la verdad que el dinero me alcanzó fue exactamente lo que necesité y en junio primero ya tenía el carro, de ahí Dios abrió las puertas para sacar la licencia de conducir, pese a que tenía mi problema físico.

DOLOR, ANGUSTIA Y SUFRIMIENTO ANUNCIADOS

Manejaba hacia la otra ciudad a recoger mi cheque, encontré un accidente, dos hombres en un carro pequeño y solo me detuve para ver que podía hacer, el hombre alto de ojos azules me miró y ellos estaban bien, pero su auto estaba en perdida total. Días después me encontré a este hombre que estaba realizando todo sobre el accidente en la corte, pero desde que él me vio solo me buscó; vivía lejos de la ciudad donde yo vivía, pero me llamaba siempre, muchas veces me buscó, yo tenía siete años de estar sola pues el padre de mi hija nunca regreso desde el día que nos habíamos separado.Y le puse el divorcio muchas veces sin éxito alguno.

Este hombre desconocía de mi problema físico, pero en ese momento no era tan grave, me visitó a mi casa, oré a Dios. El solo me dijo "Ese hombre esta dispuesto a dejarlo todo por tí, y no lo quiero ver más en mi puerta" Así que traté de obedecer, pero ya era tarde, solo recordaba lo que Dios me había dicho y le dije que se marchara que no podía verle nunca más. ¿Y si estas embarazada preguntó? ese es mi problema, no el tuyo, le contesté.

Me arrodille a pedirle perdón a mi Cristo, y me dijo: "Jehová prometió, Jehová cumplió, hijo en oprobio no nacerá, hijo en oculto no crecerá". Seis días después llame al Neurólogo,- Doctor. estoy embarazada, ¿cómo, cuanto tienes? seis días le respondí al Doctor.-¿Cómo lo sabe? Doctor; si yo le digo usted no me va a creer. Esta bien véngase para internarla y descartar el embarazo, porque si usted está embarazada sabe que no puede tener ese hijo por su enfermedad.

Tenía quince días de internada cuando el médico me indicó que si estaba embaraza. Por lo que la siguiente mañana, ellos decidirían para hacerme abortar ya, que si tenía el bebe, me quedaría toda la vida en la silla de ruedas, (por que esta enfermedad avanza con los embarazos). Además una madre soltera en silla de ruedas, con un bebe recién nacido era de sentarse a llorar.

Llorando, desde las seis de la tarde de ese mismo día, hasta las diez de la noche, sentada en esa cama del hospital, solo suplicando a Dios tuviera misericordia y me ayudara porque una parte de mi tenía miedo de enfrentar un embarazo en estas circunstancias, y recordaba lo que Dios me había dicho siete años antes "que ese niño seria la cruz mía para el resto de mi vida". Pero por otra parte amaba a mi hijo y quería tenerlo. Cuando frente a mi vino un hombre con su bata celeste que pegaba al suelo, pero su rostro no se podía ver, pasaba del techo de la habitación, junto a mi había una joven, le pregunté; usted ve lo que yo estoy viendo, ella me sonrió y me dijo ¿qué?, para que no pensara que estaba loca, me callé.

El se sentó en la esquina de la cama, aún así no pude ver su rostro, me dijo "De este Dolor, Angustia y Sufrimiento, es de lo que yo te hablaba, aun con todo tu pecado aún asi continuas siendo mi Sierva, el será un varón experimentado en quebranto, con dolor, angustia y sufrimiento caminara en mi camino, pero lo hará, si yo vivo el vivirá, y no habrá hombre sobre la faz de la tierra que le ponga una mano encima para hacerle daño, es más su nombre es JOSAFATF, y antes que cumpla su mayoría de edad me alabará, me glorificará, y me servirá, y tiene un ministerio, que es ayudar a los niños que han nacido igual que él; sin padre, padres tendrá sobre la tierra, pero él será por mi, mi hijo, y yo seré por él su padre, y lo que tu me pidas para él en el NOMBRE DE JESUCRITO yo te lo daré".

No habían más palabras, solo alcancé a decirle que yo no quería un hijo de maldición que ya bastante había pasado, que me lo diera de bendición; o si no que no me lo diera. Había perdido a el padre de mi hija, y tenía una enfermedad que avanzaba cada día, que no quería una cruz para el resto de mi vida. "Solo me dijo que no sabía lo que estaba pidiendo que perder un hijo era muy doloroso", el dolor que me hizo sentir en el corazón era a tal grado, que solo le supliqué que me lo quitara, "Yo miré a David en polvo y ceniza cuando perdió su hijo y él no lo llevaba entre sus entrañas; así que tu no sabes lo que estas diciendo." 2 Samuel: 12:14-16.

Por la mañana siguiente, llegaron ocho médicos entre ellos un anciano, y él era el jefe de todos los doctores, y solo me miró y me dijo - Yo no voy a firmar para que le hagan abortar, por que Dios anoche me habló de este niño y yo no me voy a ir a los infiernos por él. Además mis principios no me permiten realizar un aborto, en estas circunstancias, mi Neurólogo lo miro y dice: "Pero ella tiene el problema genético y de seguro que el niño también lo trae, además ella queda en silla de ruedas para siempre. Esta bien le haremos un ultrasonido, para ver como esta la placenta, y el niño....y de ahí tomaremos la decisión.

El pichel de agua era de cinco vasos de agua, me los tomé y me realizaron el ultrasonido. !Wow! ese es mi bebé, si era una bolita, nada mas que se movía, pero todo estaba excelentemente, así que ahí mismo me dieron la salida del hospital, el médico solo me refirió que cada mes me revisaría en la capital y en mi ciudad cada mes también, así que cada quince días el médico estaría pendiente de todo.

"El tiempo trascurrió por tres meses, y me atormentaba la idea de que ese bebe fuera mi cruz, así que me sometí a dos semanas de ayuno para que Dios me prometiera que sería de bendición, mi hijo". Al cabo de ello una señora tocó a mi puerta, no la conocía, solo venía a pedir oración, tenía una casa de dos plantas que si subía las gradas no las quería bajar y si las bajaba no las quería subir, así que le dije que me diera tiempo para bajar las gradas, nos sentamos a orar; la presenté delante del Señor, y quien le habló fue a mí, "Hija mía no se turbe tu corazón ni tenga miedo, yo te prometí que él será por mi, mi hijo y yo, seré por él su padre, así que no temas. "Me mostró que estaba acostada en una cama, muchas personas al rededor y al bebé me lo sacaban, todo era indicado que me operarían para su nacimiento. Me alentó con sus palabras y la visión que me mostró, Dios cumplía su palabra dicha en Joel: 2:28. Y después de esto derramaré mi Espíritu sobre toda carne y profetiarán vuestros hijos y vuestras hijas; vuestros ancianos soñaran sueños, y vuestros jóvenes verán visiones.

La casa tenía dos plantas, pero mas usaba la planta de arriba que la de abajo, pero mi problema físico estaba ahí, así que me caí de sentadilla, y mi bebé no se movió por tres días, estaba en el quinto mes, visité al Médico preocupada por ello, entonces el Médico me practicó un ultrasonido para revisar la estabilidad del bebé, cuando el doctor preguntó: ¿ Quiere saber qué es lo que va a tener? le respondí: Es un varón, él me dice: ¿ Cómo sabe que es varón? si es un varón... si yo le digo usted no me va a creer, pero yo lo se hace siete años, solo lloraba de ver que Dios cumplía su palabra sin importar el tiempo y las circunstancias, pero gracias a El todo estaba bien.

Por la tarde la muchacha del servicio acompañó a mi hija a la tienda, me quedé sentada en una silla de la cual no podía levantarme para ir al baño, solo lloré y le dijé: Dios, ¿ Cómo haré para cuidar un bebé? Si no lo puedo cargar ni levantarme de esta silla, ¿Cuanto me falta Señor para tener mi bebé? El Señor solo respondió: "Entre medio tiempo y un cuarto de tiempo mi bebe nacerá.". Tenía cinco meses y tres semanas, así que al fin me levanté con ayuda de la joven, que regreso. Entonces visité a mi hermana, para explicarle que el Señor me había comunicado que solo me quedaban medio tiempo y un cuarto de tiempo, en lo que El Señor me había explicado, un medio tiempo equivale a dos semanas, y un cuarto equivale a una semana o sea que me faltaban tres semanas para que mi bebé naciera, sumando todo, no tendría los siete meses para cuando mi niño naciera.

Mi hermana solo dice: "Pero te falta mucho para que este bebe nazca, ¡ No puedo creer!, mi respuesta fue: "Si Dios habló, se cumple, si no, pues no. Pasaron las tres semanas y una mañana amanecí con muestras y dolores pequeños, visité al Médico, me dijo: "Que tenía muy alta la presión y que tenia dos centímetros de dilatación" y me mandó a casa. Orando el Señor me dijo que llamara al Médico en la capital y que él sabría que hacer, ese especialista solo indicó valla al hospital que yo llamaré allá. Al llegar un joven Médico me esperaba, solo dijo: "Le pondré el suero", afuera le espera la ambulancia que le llevará a la capital.

Me despedí de mi familia quienes me acompañaron al primer hospital. y la ambulancia me llevo al hospital de la Capital, me atendieron. Dos días después el médico dictó que me tenían que operar pues mis músculos no respondían. Orando antes de ir al quirófano, El Señor vino y me dijo: "Hija mía no temas, todo estará bien, debes esperar tres días y verás mi Gloria, por que esta operación simboliza tu sanidad." Antes de ponerme la mascarilla del oxígeno, el joven preguntó ¿Cree en Dios? ¡Si! ¿ Por qué? porque es la vida suya o la de su hijo o la de ninguno. Bueno estoy en las manos de El, El sabe que hacer. Tenía problemas respiratorios, porque el diafragma no estaba trabajando muy bien, así que era decisión del Médico operarme y a la vez Dios cumplía su palabra que antes de los siete meses mi bebe nacería. La enfermera Carrera una mujer Cristiana a la cual le había contado las promesas de Dios, ansiosa esperaba el nacimiento de Josafatf ya que tenía muy bien grabado su nombre. En conversaciones anteriores otra joven que limpiaba el hospital escuchó lo que hablabamos, se acercó y me dice- ¿Qué haría usted si ese niño en lugar de ser varón es mujer? Satanás quería sembrar la semilla de la desconfianza, pero sabia quien había anunciado, por eso había creído y por eso yo había hablado.

Al despertar la Señora Carrera estaba muy cerca, ¿Cómo se siente? ¡bien! pero me duele, Josafatf esta muy bien replicó, yo no le puse su nombre (en la manita) le puse el que le pertenece Josafatf,!gracias!, quiero verlo, después; usted sabe que él nació prematuro, si que era prematuro, le faltaban cinco días para los siete meses.

El Médico Pediatra llegó a visitarme, y me dice: ¿Sabe? su hijo tiene una infección generalizada y yo no puedo hacer nada por él, si fuera mujer tendría mas esperanza ya que las mujeres son mas fuertes que los varones, - lloré delante de mi Rey, ¿Qué pasa Señor?, El solo guardó silencio. Clamé, y no encontré respuesta, a como pude me levanté para ir al teléfono, llamé a mi pastor y le pedí la oración, llamé a Faro del Caribe, emisora Cristiana, para que llevaran en Oración a mi pequeño. Todo seguía igual, el segundo día, fui a verle la Señora Carrera, me ayudó, le impusimos manos en la incubadora donde estaba con agujas en todo su cuerpo, hasta en la cabecita tenía.

Lloré a Dios, el solo calló, por la tarde recordé que mi hermana había tenido los gemelos, y ella también tiene esta enfermedad, cuando ellos nacieron pocos días después, uno de ellos murió, dos meses después el que estaba vivo comenzó a presentar los síntomas del que ya había muerto, los médicos en el primer caso no encontraron la solución, para que él no muriera y al parecer el segundo iba por el mismo camino, así que mi hermana solo lloró y le dice al Médico: "Ayúdeme", para que éste no muera como su hermano, el doctor buscó en la autopsia y encontró que lo que le había hecho morir era un tumor en el hígado. Examinó a el bebé y encontró que él también tenía un tumor y que necesitaba operarle de emergencia. Eso le salvó la vida. Así que yo también le expliqué al Médico lo que había pasado el, le localizó el tumor a mi bebé en el hígado también, así que decidió operarle por la mañana. El tercer día, por la mañana, después de la oración, se le tomaron las placas para ubicarle el tumor, pero para la Honra y Gloria del que vive por los siglos, mi hijo no tenia nada, no estaba el tumor. El Médico solo dijo que el Dios que usted tiene es un Dios maravilloso.

Se habían cumplido los tres días y yo había visto su Gloria con la sanidad de mi hijo. Diez días después, me dieron la salida con él, aun no tenía orejitas ni cejas ni uñas, ni pestañas por que había nacido sin nada de ello. Llegamos a la Iglesia para presentarlo, la reunión habitual era a las ocho de la mañana, pero cuando llegamos la habían pasado a las seis de la tarde, así que me regresé a casa muy triste y le dije: "Señor, ¿Por qué el Culto fue traspuesto para esta hora? Cosa que asistimos por más de ocho años a esta Iglesia y nunca había faltado una reunión a su hora habitual.

Orando, solo me respondió, "No me agrada la ropa que llevaba mi bebé, espera porque yo le mandaré algo hermoso para presentarlo, además tu darás el Testimonio de lo que yo he hecho contigo y en medio de mi pueblo hay alguien que no cree que yo hablo, pero con el Testimonio sabrá que yo soy Jehová.

Terminábamos la oración cuando un auto arrivó a la puerta de la casa, era mi amigo Urbano, un varón de Dios que había viajado por cinco horas solo para llevarle un presente a mi pequeño, la ropa que le regaló era tan hermosa como Dios ya lo había anunciado, traía un conjuntito completo, hasta la sabanita blanca con que lo había mirado años a atrás, en aquella visión.

Así que llegamos a las seis de la tarde y el Pastor Manuel Vega procedió ha presentar a esa criatura, luego me dio el espacio para dar el Testimonio, una Señora, estaba sentada, se levantó y llorando confirmó lo que el Señor me había dicho, ella era la que no creía que Dios hablaba.

Josafatf nació con sus ojitos extraviados, al mirar al frente solo se le miraba la mitad de su ojo, mis hermanas en Cristo Jesús y yo, oramos para que Dios le sanará, le ungimos con aceite, le clamamos y El respondió, sus ojos quedaron completamente bien, gracias a Dios por esa bendición.

EL ESPIRITU DEL SEÑOR
SE MUEVE DANDO FE Y
HACIENDO MILAGROS

Génesis 1; 2 "Y la tierra estaba desordenada y vacía, y las tinieblas estaban sobre la faz del abismo, y el Espíritu de Dios se movía sobre la faz de las aguas". Antes de conocer al Señor ya Dios me había mostrado su amor, cuando tenía siete meses de embarazo de mi hija, todo lo que teníamos se nos iba en pagos del Médico, así que oré a mi manera pues no conocía al Dios vivo, y le supliqué que nos ayudara, El habló audiblemente, su voz era como de trueno,fue la primera vez que le escuché, y me dice: "Compra dos pedazos del ochenta y dos y si compras más, no te doy nada.

Faltaban nueve días para realizarse el sorteo millonario, y el dinero que tenía solo alcanzó para comprar un pedazo de ese sorteo. Se realizó el sorteo y salió el cero cinco, como premio mayor, mi familia solo dijo: ¡Ves que no te dio nada! Pero uno de ellos había comprado el periódico que por cierto ahí salían todos los premios, que el sorteo tenía, solo traje el pedacito de el número que había adquirido, y lo revisó y gritó, ¡Te lo sacaste!, ¡Te lo sacaste!, era el premio de un millón, así que me pertenecían veinte mil colones, eran mas que suficientes para ver a mi hija y pagar unas cuantas cuentas.

Yo no conocía al Señor, como Génesis dice - mi vida estaba desordenada y vacía, pero el Espíritu de Dios se movía en mi, como se movía en las aguas,. Y sabía que la palabra dice: "Que la suerte está en brazos de Jehová." Proverbios: 16:33

Por eso aunque no conozcamos personal mente al Señor, de alguna manera El se mueve en nuestras vidas.

Habían pasado ocho años y mi sueldo no alcanzó para sobre vivir el mes completo, por lo tanto compré dos pedazos de lotería, era sábado y me regresé a casa, busqué a mi hermana y le pedí que oráramos para suplicarle a Dios que me bendijera con ello. Estábamos completamente a solas, oramos, pero Dios no respondió, ni dijo nada. Por la mañana a las ocho estaba en la Iglesia, me senté en la ultima banca pues habían casi quinientas personas, y una mujer oraba en lenguas al frente de la congregación, pero al lado izquierdo de mi asiento había una joven que dice- Así dice el Señor "Hay miembros de esta congregación que han comprado números de lotería y no solo se han complacido en comprarlos si no que los han presentado delante de mi, el que tal hizo que se arrepienta por que la ira de Dios esta sobre él."

¡Wow! Yo no se si alguien mas había hecho esto delante de Dios, pero yo si lo había hecho y tan solo el día anterior, me arrodille, ahí mismo delante del Dueño de toda la Tierra,y le suplique su perdón. Como antes me había bendecido crei que estaba haciendo lo correcto además lo necesitaba. Pero parece que en este caso no le agradó lo que hice. 1 Corintios: 10:5 Pero de los más de ellos no se agradó Dios; por lo cual quedaron postrados en el desierto.

No quería quedar en el desierto por lo tanto busque el perdón mediante el arrepentimiento..Hasta el día de hoy nunca más he comprado un número de Lotería.

Ya tenía el carro, y una casa con un acceso difícil para mi problema, un varón encantador de nueve meses, que necesitaba espacio para gatear y donde jugar para cuando caminará, solo me arrodillé y le expliqué: Señor mira mi situación necesito hacer una nueva casa esta ya no es adaptable para mi hijo y para mí, quiero que me ayudes ha realizar esto, y tu me dijiste que lo que te pidiera en el Nombre de Jesucristo para él, tú me lo darías. Por favor dame esa casa para que el tenga un lugar donde jugar.

Visité a una hermana en Cristo, ella me dijo que Dios estaría conmigo. El me mostró un lote frente a una calle asfaltada (había en esa época pocas calles asfaltadas).

Solicite el préstamo para construir la casa, el Ingeniero me recomendó que buscara un lote y que el costo no fuera tan grande por que el dinero que me daba tenía que alcanzar para realizar la compra del lote y construir la casa. Busque por toda la ciudad un lote con la evidencia que Dios me recomendó, no encontré nada y si encontré era demasiado el costo, solo alcanzaba para el lote y con que haría la casa. Así que seguí buscando encontré un lote grande, pero su calle estaba sin asfaltar, apenas podía entrar para ver ese lote y costaba más de la mitad del préstamo. Pregunté a una señora, me indicó que sí estaba a la venta, pero expresó que para personas como nosotros es imposible comprarlos, por su costo, así que llamó a la dueña del lote, y accedió venderlo bajo una opción de venta de seis meses.

Increíble solo Dios podía haberlo hecho, convenimos en el precio y estaba feliz, solo me quedaba la duda que si este era; pues Dios me habló de la calle como referencia y esta calle estaba terrible. El Ingeniero hizo todo lo posible para que pudiera alcanzar el presupuesto, aunque la realidad era otra. Dos días antes de comenzar a realizar la casa, se asfalta la calle, Dios cumplió su palabra. La casa estaba construyendose frente a la calle asfaltada. Esta casa solo tenía cuarenta y dos metros cuadrados.

Con ayuno y oración para que me bendijera; encontré algo maravilloso, ya que mi sueldo no me alcanzaba, pagando el carro, la casa y manteniendo a mis dos hijos, gastos y demás. Me dio una Fábrica de Condimentos donde trabajaba dieciséis horas diarias Dios y el trabajo me dieron para salir adelante. Tenía la responsabilidad de Servir a Dios, también, así que había que tornar el tiempo de trabajo y de servicio.

Mi hija Alex estaba en el colegio, llevaba el primer año y ella tenía varias amistades, como trabajaba casi todo el día y el resto con el Grupo de Oración, no tenía mucho tiempo para dedicarle, así que esa noche nos quedamos en casa, sonó el teléfono, era una joven que tenía cáncer estaba muy mal. Antes la visitamos, habíamos orado pero ella seguía igual, así que fuimos esa noche, Dios hizo un milagro, ella vomitó un tazón de un líquido verdoso con varias bolitas negras, y quedó como muerta, así que vimos que Jesucristo realizó la obra, gracias a Dios por su bondad y amor.

El tiempo trascurrió y eran las tres de la mañana, cuando llegamos a casa, alguien se había metido a la casa y se llevaron toda la ropa de todos los de la casa incluyendo la mía, junto a varios artefactos, por la mañana siguiente nos levantamos temprano pues iríamos a la Iglesia, no encontramos que ponernos, me salí del baño, envuelta en una toalla, y me resbalé cayendo sobre una palmera que estaba bien cerca. Se me dobló el tobillo y por una semana no pude caminar, me quede en casa, recibí varias llamadas amenazantes de parte de un joven que buscaba a mi hija, tanto que sin pensarlo puse la denuncia en la oficina de la Policía, ellos me indicaron que le buscarían.

El grupo de oración crecía y viajaba a cuatro horas, una vez cada dos semanas; tenía que haber salido dos días antes, pero hubo cada vez, más obstáculos, así que nos reunimos para buscar la respuesta. El Señor me explicó que me preparara con ayuno y oración, porque me enfrentaría entre el poder de Dios y el de las tinieblas. Esta ciudad tenía un pequeño hotel, donde siempre me quedaba para poder atender los negocios que me compraban el Condimento, llegué a eso de las ocho de la noche de ese día, pero en el hotel no encontré habitaciones disponibles, me recomendaron que la casa continua, alquilaba dos habitaciones y que estaban desocupadas. Una joven nos atendió y nos alquiló la habitación, tocan la puerta y era una mujer que lucía enferma y cansada, así que hablamos y le prediqué la palabra de Dios.

Tenía un cáncer avanzado y había practicado la brujería por mucho tiempo, ella era capaz de mover un vaso con solo mirarlo, le presenté el Evangelio de Salvación y Arrepentimiento, ella junto a sus hijos vinieron a los pies de Cristo, Satanás no estaba contento. En la segunda visita que le hice, noté su mejoría, le invité a visitar a la Iglesia, y me fui a quedar en el hotel que solía alquilar, cuando visitaba esta ciudad.

Eran las doce de la noche cuando dormía y un dolor insoportable me despertó, estaba a la altura del estomago, años antes había tenido gastritis y Dios me sanó, pero inexplicablemente tenía el mismo dolor que hacía nueve años había desaparecido, recordé lo que leí en un libro, que Dios sane no cuesta, lo que cuesta es retener la sanidad.

Así que le dije: ¡Satanás!, Cristo me sanó hace nueve años así que no acepto este dolor, en el Nombre de Jesucristo yo estoy sana. Una figura pequeña y negra como la noche con sus ojos rojos como fuego, dice: ¿Tú aún crees que estas sana?, le dije: ¡Sí!, ¡ Sí! En el Nombre de Jesucristo yo estoy sana. Me dice: ¡ Bueno! entonces recojo tus síntomas y el dolor se termino por completo. Dice: ¿Tú sabes qué le hicimos nosotros en Israel a Jesús? Y se carcajeó dos veces, le exhibí allí. Si, pero El te venció, tu eres un ser vencido, Jesucristo pag,ó un precio para salvarnos y te venció. ¡Bueno! Eso es cierto, pero aun sigo acá, para no dejarles en paz.

Si usted tiene tanta fe, ¿Por qué no hizo lo que dice la Biblia? "Orar por sus enemigos" , Mateo 5:44 Pero yo os digo: Amad a vuestros enemigos, bendecid a los que os maldicen, haced bien a los que os aborrecen, y orad por los que os ultrajan y os persiguen.

Usted fue y le puso una demanda, ¿Sabe? ¡Ese es un siervo mío!. Yo lo he usado para que atormente a su hija y a usted, y usted no vio que la toqué y usted se calló, torciéndose el tobillo. ¡Ah! ¿Fuiste tú quién hizo eso? ¿Pero sabes? la palabra dice: En Romanos: 8:28 "Y sabemos que a los que aman a Dios, todas las cosas les ayudan a bien, esto es a los que conforme a su propósito son llamados ". Eso también es cierto, de esa manera me di cuenta de las amenazas, pues mi hija, no me comunicó nada. Aun me queda una duda, como dice la Biblia: Que el siervo de Dios tiene que ser esposo de una sola mujer, en este caso de solo un hombre. 1Timoteo:3:2 (mi divorcio estaba en proceso con mi primer esposo y había conocido un joven nueve años menor, pero con un corazón de oro para servirle a Dios, y para cuidar de la familia, no tenía nada que ver con mi ex-esposo desde hacía muchos años antes; pero Satanás estaba ahí, para acusarme). ¡Ah! Si, pues que yo sepa no tengo más que un marido,! No tengo más! Porque el que tú me enviasteis, se fue gracias a Dios, ¿Este también me lo mandaste tu? No, ¡Yo no!, pero hare todo lo posible por separarte de él, y voy a poner a su madre en contra tuya. ¡Ah Si!, pues no creo, ¿Acaso no la haz visto, doblando sus rodillas delante de Dios? ¡Si! ya la he visto. De todos ¿ Sabes a quién puedo usar? A tu sirvienta, ella no conoce a ese Dios tuyo. Pues tanto el joven que dices, que es tu siervo y la señora esa, yo los reclamo para que se conviertan y se arrepientan en el Nombre de Jesucristo, y cancelo todo uso que les quieras hacer para nuestro daño.

Cada vez que pronunciaba a Jesucristo, se estremecía, y le dije: ¡Te vas! En el nombre de Jesucristo, ¡Te vas! Me dice: ¡Ah! Sí, tengo que irme por que contra él no puedo hacer nada, pero volveré, se carcajeo y se fue.

Había estado frente al poder de Dios y las tinieblas, a eso era lo que Dios se refería, que me preparara pues con ayuno y oración, no era fácil, pero había visto a Satanás reconociendo que era un ser vencido y que el PODER Y AUTORIDAD LO TENIA CRISTO JESUS.

Orábamos a Dios y ayunábamos continuamente por bendición y por nuestra familia, una tarde llegó la joven que tenía un año de casada, con mi hermano, no estaba evitando tener los niños ya que quería tener un bebé, y ella me dijo que estaba embarazada. Mi alegría fue mucha, voy a tener un sobrino, así, que le pedí que oráramos por el bebé, pues ya tenia tres meses de embarazo confirmado por el Médico mediante un examen de orina. Al comenzar a orar, solo le di las gracias a Dios y le pedí que bendijera a ese bebé. El Señor solo me preguntó: ¿Cual bebé? Señor el de ella, dice- No yo no le estoy dando ningún bebé, ella va a tener dos niñas, pero no ahora se las daré en los próximos tiempos.

Para mi, era difícil decirle algo así, pues supuestamente el médico le había confirmado su embarazo, y por tres meses ella no vio su periodo, le expliqué lo que ya Jehová me reveló, ella, corrio donde mi madre y le dice - Oramos y me dijo: ¡Que no estoy embarazada!, bueno mañana iremos ha hacerte un análisis, le respondió mi madre.

Por la mañana a mi me tocó llevarle, pero mi madre se fue con nosotras, pues ella quería saber la respuesta, durante una hora esperamos el resultado, pues este examen era de sangre, más certero en un noventa y nueve por ciento, cuando ella recogió su prueba negativa y solo exclamo ¡Mejor me hubiera comprado un par de zapatos, que haber gastado este dinero!

PROMESA DE NACIMIENTO
DE UN BEBE

Mi hermana Cris, estaba luchando por embarazarse, llegó a casa para que orara por ella, consultaría a Dios, porque ella tenía un varón de seis años y nunca había evitado un embarazo y quería que Dios le diera una niña, se sometió a muchos exámenes, pero nada. En la oración Jehová fue explícito y le dijo "Que si ella lo amaba y no se apartara ni a derecha ni a izquierda, El le daría otro varón y que su nombre seria Natanael".

Mi hermana siguió con sus tratamientos tres años más tarde llegó feliz, ¿Saben? Dios cumplió su palabra, ¡Estoy embarazada! y tengo dos meses, ¡Qué alegría la de todos! Vamos a orar para que Dios bendiga al bebe y sobre todo darle la Honra y la Gloria por ello a Dios. Solo que en medio de la oración Dios muestra, que el bebé está en un carrito blanco y el bebe no estaba vivo, ¡lloré! ¿Señor qué es? Este niño es producto de la ciencia yo no se lo estoy dando, Natanael nacerá a su debido tiempo.

Terminamos la oración y mi hermana se marchó, quedé con un profundo dolor, y le dije a Lorelly ¿Sabes, qué ese bebe se va a morir? ella me dice ¿Cómo dices tal cosa? "Si eso pasa" Entonces Cris dejará de creer en Dios, pues lo siento, pero ese bebé no vivirá, dice el Señor, porque es producto de la ciencia y no dado por El.

Ocho días después, a las once de la noche, sonó el teléfono, era mi hermana, lloraba desconsolada, y me dice -¡Perdí el bebe! ya me hicieron el legrado, ¡Te das cuenta que perdí mi hijo! y seguía llorando, solo le alcancé a decirle, que Dios cumpliría su promesa, debía confiar más que nunca en El, pues yo no le había revelado que su hijo se moriría, y tuve que decirle, pero si Dios cumplió esto también te dará a Natanael ya lo verás.

MILAGRO DE SANIDAD DIOS
SANA EL CANCER

Días después el esposo de Cris, Luis llegó a casa, se había caído en su motocicleta golpeándose su rodilla derecha, para pedirme que lo llevara donde un hombre que estaba anciano, pero sabía que su trabajo era todo lo relacionado con huesos, su nombre de cariño era Pepe, cuando Don Pepe le examinó encontró líquido en la rodilla regado debido al golpe, así que le impuso una jeringa con una aguja, que con solo mirarla te escalofriabas, le sacó la mayoría del líquido, Luis caminó al carro y nos fuimos, cinco horas más tarde, Cris llamó a casa, y dijo: ¿ Sabes que Luis esta camino al hospital?, que estaba a cuatro horas de ahí, ¿ Por qué? No lo se, pero el Médico lo traslado a la capital pues él está muy mal.

Solo oramos, al llegar allá el Médico indicó que se practicarían todos los exámenes ya que el tenía vómito continuo, dolor en su rodilla, pero en su cabeza también, un dolor que solo con morfina se le calmaba, continuamos orando y Dios no abrió más su boca, por más que le preguntábamos no dijo nada.

Semanas más tarde, en Oncología, donde lo internaron ya estaba irreconocible, el Médico le realizó todos los exámenes y tomo la dección de operarle, asi que le marco con lapicero unos centímetros arriba de la rodilla para cortar su pierna, pero oramos toda la noche, clamábamos para que Dios hiciera algo. El Medico dictó que él tenía un cáncer terminal y que ellos ya no podían hacer nada, por lo tanto mejor se lo dieron a mi hermana, que se lo llevara a su casa. Sin operarle. Días antes ahí mismo estaba otro joven que no se veía tan mal como Luis, por el cual oré también, y ya se había muerto dos días antes. Lo importante que él se reconcilió con Dios y se fue con él.

Esa tarde nos lo llevamos a casa de mis padres, le inyectaba la morfina a cada seis u ocho horas, pero el dolor era tan intenso que la necesitaba a cada dos o tres horas, así como eran los vómitos también, no se podía hacer nada, a las tres de la mañana, llamé al médico, él contestó ¡ Dígame! ¿Que hago Doctor? Luis necesita la morfina a cada dos o tres horas. ¡Yo se los di! porque él va a morir y les di sus indicaciones así que háganlas, además; este es mi celular al que ha llamado, y me sale cara esta llamada. Yo sabía que había uno que no se enojaba si lo llamaba, sabia de uno que podía hacer lo que nadie mas podía hacer por él.

Tomé el carro y llegué donde la hermana Ana una sierva de Cristo que realmente ha amado a Dios, eran las cuatro de la mañana, ella se levantó y se fue conmigo, buscamos a Olga otra mujer que servía a Dios, así que llegamos a orar. Ya eran las siete de la mañana, y el no había vomitado más, y en ese tiempo no le pusimos morfina, Dios mostró muchas cosas, pero solo le pidió a Luis," levántate camina cincuenta metros a la derecha y cincuenta hacia la izquierda de la puerta de la casa; por la calle, regresas y te sientas en el sillón, en la sala de la casa, y tu sabrás quien es Jehová.

Cuando el intentó levantarse, no tubo fuerzas, así que tuvieron que ayudarle, le desconectamos el suero intravenoso, y ellas lo cargaron, ¡Al fin! él estaba pesando no más de cien libras, tomaron a la derecha, al terminar, él ya caminaba unos pasos por si mismo, al subir los otros cincuenta metros ya él lo hizo tomado de la mano de ellas, pero con más fuerza, y entró a la casa, solo se sentó en el sillon.Nos fuimos, ellas necesitaban regresar a sus casas, eran cerca de las nueve de la mañana, cuando nos fuimos, cuando regresé, a las once de la mañana, entonces Luis ya estaba junto a mi padre sembrando unos frijoles en el patio de la casa.

Solo podía darle la Honra y Gloria a Dios porque El no la comparte con nada, ni con nadie. Es un Dios maravilloso que nunca nos ha fallado, su amor sobre pasa todo entendimiento y nos alienta a que veamos sus milagros.

Nuestra fe fue probada, pero la fidelidad de Dios manifestada. En medio del sufrimiento, el dolor y la desesperación, la misericordia de Jesucristo nos cobijo y le sano, para una alma en esta situcion hay un consuelo y una puerta que el Señor ha puesto para que usted llegue a obtenerlo.

Y todo lo que pidiereis al Padre en mi nombre, lo haré, para que el Padre sea glorificado en el Hijo.

Si algo pidiereis en mi nombre, yo lo haré. San Juan 14: 13-14

VIGILIAS Y VISIONES
ANUNCIANDO LO POR VENIR

Las vigilias eran frecuentes ya que el Espíritu Santo se movía, dándonos aliento a continuar el camino, esa noche comenzamos a las ocho de la noche, un sábado, el grupo oraba fervientemente se llegó a eso de las tres de la mañana, pero Dios no dijo nada, solo sentimos su presencia, y su fuego dentro de cada uno, el objetivo de la vigilia, era presentar el proyecto que se realizaría en un lote que una hermana compró a pagos, solo que ya debía la última cuota.

Al terminar la vigilia todos los hermanos que estuvieron orando se marcharon, al quedarnos solas, la hermana me pidió, ¿Quieres orar? pues no entiendo porque Dios no ha querido contestar, ya que los planes es hacer unos departamentos para rentarlos y ahí mismo dejar una parte para reunirse en oración.

En medio de la oración el Señor no dijo nada, pero me mostró el lote completamente vacío, este lote tenía un árbol muy grande de aguacate, que por muchos años sus cosechas eran abundantes, lo extraño que en la visión las raíces del árbol estaban completamente afuera y este árbol, completamente seco, como si se le hubiera echado una olla de agua hirviendo, la tierra estaba erosionada, ni pasto se veía.

Solo le expliqué lo que Dios me reveló y ella pensó, ¡Bueno aún debo una cuota, ¿Será por eso que dice que ahí no hay nada? Toda la semana trabajamos muy duro, llegó el siguiente sábado, desde dos días antes las noticias anunciaban un huracán para la Costa Atlántica de nuestro país, estábamos al Sur por lo tanto a nosotros no nos preocupaba mucho, solo oraríamos por los habitantes del Atlántico, ese día la joven que me ayudaba, llegó temprano, cargó el carro y nos fuimos a repartir el condimento, empezó a llover desde la mañana, cuando se hicieron las siete de la noche, estaba bien oscuro y el puente que atravesaría (el rio) el agua lo cubría por completo, pues el río estaba crecido hasta desbordarse, al pasar la llanta del lado derecho se quedó prensada, le aceleré una y otra vez hasta que logré pasarla, solo pensé, la carretera estaba mal y ahora hasta el puente tenía hoyos, por lo tanto regresé a casa directamente, al llegar a casa mi madre gritó, gracias a Dios que llegaste, ¿ Por qué? le pregunté, me dice: Porque las noticias están informando que el puente, que tan solo quince minutos antes yo había atravesado, el río se lo llevó.

Solo Dios pudo salvarme, ya que desde luego que me costó pasar era que el agua ya había minado el puente, se lo estaba llevando poco a poco, y como el agua pasaba por sobre de él, la verdad que yo no le veía ningún problema. La hermana donde se realizaban las vigilias llamó, que los bomberos la estaban auxiliando, manejé hasta allá y le pedí que me acompañara a casa, pues su casa y todo estaba perdiéndose pues, el huracán no llegó al Atlántico como se esperaba si no que llegó a la costa sur, exactamente donde nosotros estábamos, llevándose lo que encontró a su paso, y para que más decir, se llevó el lote por el que estuvimos orando, Dios reveló, que ahí solo estaba el árbol de aguacate, completamente seco, con sus raíces afuera. Quince días después visitando el lugar, solo recordé lo que Dios mostró días antes. Era increíble aquello, verlo primero en visión y luego en la realidad exactamente igual. La honra y la Gloria son de Dios. Amós: 3:7-8 "Porque no hará nada Jehová el Señor, sin que revele su secreto a sus siervos los profetas; Si el león ruge ¿quién no temerá? Si habla Jehová el Señor ¿quién no profetizará?

Muchas veces Dios nos habla, pero no entendemos, al suceder las cosas, es cuando vemos que él trató de prevenirnos para que no hagamos cosas de las cuales, nos ha querido librar.

DIOS NOS LLAMO POR MISERICORDIA

La compañía de Condimentos ya se había expandido cada día se vendía más, por lo tanto tenía una joven para el servicio de la casa, pero necesitaba otra para que me ayudará a repartir y a preparar el condimento, así que me recomendaron a una mujer joven que vivía cerca de casa, pero que en verdad yo no le conocía, así que le entrevisté y le otorgué el trabajo.

No tenía ninguna experiencia como agente de ventas, pero tampoco conocía al Señor, por tanto me di la tarea de entrenarle en las dos cosas, lo que no sabía era que ella tenía dos ataduras muy grandes que ella misma me confesó, una era la dependencia de consultar a los brujos y hechiceros para la lectura de las cartas, y la otra su dependencia del alcohol, a medida que le presenté el Evangelio ella reaccionaba en contra, pero me escuchaba, sabía que Dios la estaba llamando y que su MISERICORDIA es tan grande que solo El podía liberarla de todo lo que le aquejaba.

Una noche ella aceptó a Cristo en su corazón, sin embargo el día siguiente en esa zona hace un calor infernal, llevaba unas naranjas frías, pero no tenía un cuchillo para cortarlas, le di el dinero y le pedí que me comprara uno en el supermercado, pero ella no compró el cuchillo, ella se compró una cerveza. Cuando llegó, solo me dijo: Ahí no venden cuchillos, pero mire la bolsa que traía, solo me miró una y otra vez, mientras que en silencio yo oraba, "Señor no le permitas tomársela" ella ya te tiene en su corazón, al próximo negocio que llegamos, la tiro a la basura, era una victoria, solo el principio de una gran lucha.

Dos semanas más tarde llego navidad, no la vi. Por tres días, cuando sonó el teléfono, era ella, casi no se le escuchaba su voz, pues estaba con tres días de tomar, me indicó donde estaba, tomé el carro y me fui, estaba con su ropa sucia de todo ese tiempo sin cambiarse, y hecha un desastre, me dije ¿Por qué Señor? El no contestó, pero hizo algo maravilloso, ella nos permitió orar y Dios actuó, ella renunció a todo en ese instante, Dios la libertó de todo: "brujería y alcoholismo" cuando se levantó de aquella silla solo tenía su ropa sucia, hasta el aliento a alcohol ya se le había ido, estaba completamente libre para la Honra y Gloria de Cristo Jesús. Ella tenía una cita con una bruja, para pagarle una fuerte suma de dinero para que le ayudara a conseguir una visa y salir del país, Cristo llegó a tiempo; ya no confiaría en el hombre, iba confiar en Dios que en su voluntad ella podría quedarse o salir del país, pero con la bendición de Dios.

Pasaron seis meses y se iba para Canadá, solo pidió la oración para que Dios la acompañara, la respuesta fue: ¡Hija! ¿Te quieres ir? Te diré algo: "Hay muchos de mis hijos que se han ido a otros países y no han regresado solo porque unos no tienen con que pagar su tiquete y otros por orgullo, solo te recomiendo que aprendas de la hormiga, ella trabaja en el verano y guarda para el invierno, así que aprende de ellas, reesfuérzate y se valiente".

Ella viajó unos días después, me preocupaba estaba recién nacida en Cristo, confiaba que él la guiara para encontrar una buena Iglesia que le bendijere mientras estaba lejos, pues cada hijo espiritual pasa a ser como si fuera mi propio hijo, ya que son paridos a base de ayuno y oración.

DIVERSAS SANIDADES Y MILAGROS

Nos reuníamos cada sábado para orar, esa noche llegó una pareja con su hija que contaba con ocho años de edad, había orado infinidad de veces por muchas personas, pero nunca por una persona que estuviera ciega, pues clamamos a Dios, solo pudimos ver a Dios actuar, cuando esta niña gritó ¡Mamá te puedo ver! ¡Mamita te puedo ver! por ocho años había estado ciega esta niña, esto era un verdadero milagro, el llanto fue de todos los presentes, Dios tubo la misericordia de sanarle, aun cuando recuerdo esto se me hace un nudo en la garganta por que Dios es maravilloso.

Oraba a solas en casa, cuando el Señor me levantó y me mandó al hospital que estaba a unas cinco millas de mi casa, eran las once de la noche, le pregunté ¿Qué quieres que haga? Solo me indicó que alguien necesitaba ayuda, fui estacioné el auto, cerca de la entra a emergencias, estaba una señora con su cabello gris por las canas; recostada a la silla, el Señor me dice "Dile que se valla contigo para tu casa". Me acerqué y le dije: ¿Tiene dónde quedarse esta noche? me dijo: ¡No!, mi hija esta internada y yo no tengo dinero, así que me voy a quedar acá, ¡Bueno! es por lo que estoy acá, si gusta se va conmigo, ella me miró desconfiada y le alcancé a decir: "No se preocupe, Dios me levantó de donde estaba orando para que viniera por usted, por lo tanto no tema, que yo estoy para ayudarla.

Ella regresó a casa conmigo, le dimos de comer y le llevé el mensaje del Evangelio, ella aceptó a Cristo y Dios le dio varias promesas, incluyendo la sanidad de su hija, que a la verdad ni entendí por qué estaba internada, eran los planes de Dios, que ella lo conociera, así que a las cuatro de la mañana, ella tocó mi puerta donde dormía, para pedirme que necesitaba el dinero para los pasajes de regreso cuando su hija saliera del hospital, eso no lo sabía que hasta eso necesitara, pero para la Honra y Gloria del Señor, tenía un poquito para compartirlo con ella.

La madre de Marco había alquilado por toda su vida una vivienda, ella había puesto su aplicación en la Oficina de Vivienda, hacía siete años antes y nunca le respondieron, cuando ella miró tantos milagros de parte de Dios, quiso orar para que fuera posible su casita propia.

Nos sometimos a ayuno y oración, una semana después, Dios había respondido, la Oficina de Vivienda le otorgaba un lote y una cantidad de dinero para construir su casita, todo fue bendición, en esa misma oración Dios hablo de una actividad que se llevaría a cabo, indicó un edificio de veinticuatro codos, que era suficiente para realizar lo que Él estaba pensando, pero que nosotros ni idea teníamos que era lo que Él estaba planeando.

Cuando llegó la hora, nos reunió con el propósito de informarnos acerca de lo que se realizaría, era una fiesta solemne, por tres días que todas las Iglesias de la región se reunirían, cada una tendría una hora especifica de oración, ya que el lugar debía contar con un cuarto especial de oración, para que mientras estuviéramos trabajando en la actividad, no se dejase de orar.

Se convocaría a todas las personas que desearan participar ya que el objetivo era darle la Honra y Gloria a Dios y a la vez bendecía a tantas personas que no tenían a Cristo como su Señor y Salvador, y además darles alimento, vestido, y cualquier otra cosa que ellos necesitaren.

Así que nos dimos la tarea de trabajar, un hermano donó una vaca, otro hermano donó un cerdo, una tienda de la Capital entregó cuatro pacas de ropa y telas, varios negocios donaron mucho alimento y dinero en efectivo, recordamos cuando el Rey David en 1 Crónicas: 29: 6-9. Estaba gozoso por la ofrenda voluntaria que el pueblo le dio a Jehová, así este pueblo se las arregló para dar, donde encontramos desilusión fue en las Iglesias, solamente dos aceptaron la invitación. Así que con pocos o muchos siempre tuvimos personas orando.

Se recogió dinero, para comprar las cosas que las dieciocho familias necesitaban, que eran cosas que no habían donado, estas familias vinieron, cada una tenía una hora específica para recibir lo que ya era para ellos. A cada uno de los colaboradores le correspondía orar una hora, cuando me llegó a mi, me postré a orar, clamé y clamé, pero Dios no respondía. Después de vario tiempo me dice: "Que estaba molesto debido a que la ropa mejor la estaban guardando para venderla", las intenciones eran hacer dinero en efectivo para gastos y comprar las cosas que no se tenían mediante donación, pero no solo eso le molestó, había algo más y El no me lo reveló.

Reunimos a todos y le expliqué a mi hermana Lorelly que Dios estaba molesto, debido a lo que el personal que lo clasificaba, estaba haciendo algo que a Cristo no le agradó. Terminado de comentar esto entró una señora que era la encargada de la cocina, para decirnos que la vaca que se había matado por la mañana y que estaba en refrigeración, se echó a perder, ¿Por qué era la pregunta? nadie se explicaba la razón, pues el refrigerador estaba en perfectas condiciones y además hacía poco tiempo este animal estaba ahí.

La razón por lo que la carne se echó a perder, fue porque un hombre anciano de la calle, pidió un trozo de carne, pero como lo estaban preparando, no se la dieron, a Dios le enfadó esto y nos dio una lección, pues Dios no hace acepción de personas. Consecuentemente todo fue bendición, aprendimos algo importante que los planes de Dios nadie los cambia y que nuestra obediencia es necesaria para agradarle a él.

No solo ayudamos a muchas familias también hubieron muchas personas convertidas a Cristo, otros sanados y otros bendecidos, para los que trabajamos vimos su mano haciendo la obra y la colaboración fue grandiosa ya que cuando Dios toca el corazón, Dios hace milagros. Cada familia tuvo ropa, alimento Espiritual y material, zapatos, pagos de deudas, arreglos de sus hogares, etc.

DIOS CUMPLE SUS PROMESAS

Una tarde en casa preparando y empacando los condimentos de la pequeña empresa, sonó el teléfono era un hombre que buscaba a mi hermano Luis, solo dijo que era urgente hablar con él, ¡Bueno él no vive acá! pero si usted le llama mañana él puede esperar su llamada. Luis llegó en la mañana a esperar la llamada, llegando él, sonó el teléfono, era ese hombre que le comunicaba, que él le había traído a su hija de Nicaragua. (Luis tenía una hija que era nacida en nuestro país, pero que muy pequeña su madre se mudo a Nicaragua, él nunca más escuchó de ella). Luis había doblado sus rodillas por cada uno de sus hijos que por diversas razones no se criaron con él, pero que él les amaba con todo su corazón, y esta era una promesa que Dios le dio, "Que le prosperaría y le traería a sus hijos"

Se fue a buscar a Katia su hija, era tarde y tomó un taxi, dándole la dirección que le explicaron, pero el taxista no encontró exactamente donde era, por lo que Luis le refiere que le pregunten a la joven que estaba de pie en la puerta de esa casa, cuando le miró, solo exclamó ¡papá! su rostro era idéntico al de él, solo se fundieron en un abrazo, besos y llanto. Padre e hija después de tanto tiempo se encuentran solo una promesa lo anunció antes, y se estaba cumpliendo, solo Dios podía realizar algo así, traerla desde otra nación para ponerla en los brazos de su padre.

La recibimos felices, y le llevamos el Mensaje de Salvación, ella aceptó a Cristo y prosperaba en todo. Una noche que las Iglesias de la región se reunieron en el Estadio, para adorar a Dios, con un grupo de Alabanza, el cual ministraba a Dios con predicación y alabanza, mientras estábamos sentados de nuestras manos brotaban aceite, y todos los que bajaron de las gradas, danzaban y alababan a Dios, sin cesar, Katia también bajó, cuando Marco la buscó, la encontramos gritando ¡Viva Cristo!, ¡Te amo Dios!, ¡Viva Cristo!, no entendíamos aquello, porque nunca mis ojos vieron algo así. Le preguntamos al Pastor solo explicó que estaban llenos del Espíritu Santo, pero en verdad estaban ¡EBRIOS POR EL ESPIRITU! Sabía la palabra en Hechos: 2: 12-13 "Y estaban todos atónitos y perplejos, diciéndose unos a otros: ¿Que quiere decir esto? Mas otros, burlándose, decían: "Están llenos de mosto".

Era increible mirar aquello, estaba completamente ebria y no con vino, ni licor sino con el Espíritu Santo, la palabra dice: San Juan: 3; 34 "... Pues Dios no da el Espíritu por medida. Y era evidente que en esta joven y en los demás miembros de la congregación Dios no tuvo medida para llenarlos.

Los Pastores llamaron a los familiares de unos cuantos jóvenes para que vinieran por ellos a la vez explicarles lo que estaba pasando, pues era algo sorprendente ver a tantos ebrios, pero no de licor sino del ESPIRITU SANTO.

La pusieron en el auto, al llegar a casa, continuaba gritando ¡Viva Cristo! ¡Viva Cristo! ¡Te amo Señor!, por lo que no sabia que hacer, entonces oré, clamé y era mayor la alabanza que salía de sus labios, era tarde y ya estaba preocupada, así que decidimos, ponerla en la ducha, me miró y dice esta ebria, el agua le servirá.

Trascurriendo unos minutos la tomó y la puso en la cama, la joven del servicio le ayudó a quitarse la ropa húmeda y a que se pusiera una más cómoda para dormir. Por la mañana su rostro resplandecía, y no recordaba casi nada de lo que había sucedido. Con los días la miramos más llena de Dios, el Espíritu Santo estaba trabajando, era una joven con muchas virtudes, su carácter cambio, se hizo más tolerante hacia los demás y con un amor entrañable hacia Dios y las personas que la rodeaban. Sin duda la experiencia que todos tuvimos fue maravillosa y preocupante, porque jamás imaginamos que el Espíritu Santo actuaría así, pero era real y con resultados visibles de su poder y autoridad.

Con tanta bendición, nos acostamos tarde, pero alguien toco a nuestra puerta, así que la joven del servicio le abrió, era un hermano de mi padre que yo estimo mucho, me comentó que estaba enfermo, que él se bebía un galón de agua cada noche, y que su estomago comenzó a crecer, que los médicos le dijeron que no tenía nada y que no podían hacer nada por él. Fue a consultar un brujo este hombre le dijo que si no le daba una fuerte suma de dinero, él mas bien se encargaría que muriera. Estaba desesperado, por el problema y por ende la amenaza lo estaba turbando.

Sabe, ¡Dios lo puede todo!, ¡Tú tienes que creer nada mas! y Cristo se encargará de el resto,le replique. Me dijo: ¡ Si, yo creo! ¡ Entonces! ¿Por qué visitó el brujo?, porque quiero curarme y no solo eso, también tengo cincuenta hectáreas de frijoles sembrados y hay un animalito, que los esta matando, ya se le fumigó y no hay nada que mate la plaga.

Por la mañana decidimos ponernos en ayuno y oración, dos hermanas ungidas por Cristo Jesús nos acompañaron, el aceptó a Cristo, renunció a toda herencia de maldición desde la primera, segunda, tercera y cuarta generación departe de su padre y de su madre. A toda brujería, hechicería, toda práctica directa e indirecta, toda potestad de Satanás sobre su vida, incluyendo espíritu de muerte. Éxodos 20:5 -6. "Porque yo soy Jehová tu Dios, fuerte, celoso, que visitó la maldad de los padres sobre los hijos hasta la tercera y cuarta generación de los que me aborrece. Hago misericordia a millares, a los que me aman y guardan mis mandamientos".

Oramos cancelando toda enfermedad natural he impuesta por el enemigo, le ordenamos a todos los espíritus conforme el Espíritu Santo reveló para que salieran en el Nombre de Cristo Jesús, el vómito, mucha agua, pero entre ello un liquido verde, que tenía un olor nauseabundo. Le pedimos a Cristo que lo guardara, y le implantamos resurrección y vida en el Nombre de Jesucristo, su semblante cambió, así que al brujo en el nombre de Jesucristo no tendría ningún poder sobre él, porque la palabra expresa en el Salmo: 109:28 "Maldigan ellos, pero bendice tú; levántense, mas sean avergonzados, y regocíjese tu siervo." Además le ordenamos a Satanás en el Nombre de Jesucristo llevarse esos animalitos que estaban matando el plantío de fríjol, una a una se iría, ya que en la cosecha anterior el sembró la misma cantidad cincuenta hectáreas y solo cosechó un saco y medio de fríjol. Pero esta vez Dios iba a bendecid por que su promesa es: 2 Crónicas 7:14 "Si se humillare mi pueblo, sobre el cual mi nombre es invocado, y oraren, y buscaren mi rostro, y convirtieren de sus malos caminos; entonces yo oiré desde los cielos, y perdonaré sus pecados, y sanaré su tierra."

Jesucristo le perdonó sus pecados, lo lavó con su sangre y le mostró las veredas por donde el podría caminar. ¡ A él la Gloria y la Honra! Esta promesa la vimos realizada, pues Jehová, sanó toda la tierra; no solo el sembradío de fríjol, si no que también su cuerpo físico ya que esta hecho de tierra, y la palabra lo explica en Génesis: 2: 7 "Entonces Jehová

Dios formó al hombre del polvo de la tierra, y sopló en su nariz aliento de vida, y fue el hombre un ser viviente." Por lo tanto El "sanaría su tierra". Tanto la tierra material y de su posesión, como su propio cuerpo. Gracias a Dios por su amor y misericordia para con nosotros en Cristo Jesús.

ORDENAMIENTO DE SALIR A
LA TIERRA LEJANA

Eran las cinco de la mañana cuando nos levantamos a orar,
yo entraba a las seis y treinta a mi trabajo,, por lo tanto
debíamos orar temprano, como dice Job: 8:5 - 7 "Si tú
de mañana buscares a Dios, y rogares al Todopoderoso, si
fueres limpio y recto, ciertamente luego se despertará por
ti, y hará prosperada la morada de tu justicia, aunque tu
principio haya sido pequeño, tu postrero estado será muy
grande."

Tomados de esa promesa, nos presentábamos siempre en
oración delante de Dios, pero ese día era especial ya que el
auto que teníamos era muy pequeño y la fábrica había crecido
mucho ya necesitábamos otro carro, así que le presentamos
la petición al Señor. El contestó: "Yo soy Jehová Dios de
los Ejércitos, en mi no hay sombra de variación, inclina tu
oído que te voy hablar; ¡Hijos míos! ¿Están listos para viajar
a la tierra lejana? Yo los llevaré, frío no tendras, ni hambre
pasarás, porque yo estoy con ustedes. Caerá Migración a la
derecha y a la izquierda, pero a ustedes no les tocará. No
buscarás dinero para comprar carro, más bien venderás el

que tienes y sacaras ochocientos mil colones (dos mil dólares) en el banco que yo los he guardado para esto, y yo estaré con ustedes, y sabrán que yo soy Jehová".

Marco quién había vivido desde hacía vario tiempo en casa mi hija Alex y Josafatf, ellos lo veían como su padre, por que él era un joven cristiano lleno de Dios y con un amor profundo para servir a los demás, teníamos muchas cosas en común, compartíamos anegaciones, servicio, Iglesia, amor al prójimo y sobre todo el amor a Dios, (Dios me había dado esa promesa once años y seis meses; antes de que ahora dijera, ¿que si estábamos listos para viajar a la tierra lejana? como él la llamo). Marco me miró y solo exclamó: ¡ Hay que obedecer! Cada uno se marchó a su trabajo, yo por mi parte preocupada ya que la enfermedad de la Distrofia Muscular estaba avanzada, y no tenía ni la menor idea como sería visitar o vivir en los Estados Unidos, sabía que era allá, lo que no sabía, era ¡donde! ya que mi ex esposo vivía en Michigan, cuando Dios me dio la promesa que un día, yo caminaría por ese lugar.

Seguimos trabajando sin mover nada, una noche que me quedé en la ciudad donde vendía el condimento, tuve un sueño, ese sueño tenía un significado, pero quería que el Señor me lo explicara. Soñé que estaba embarazada de gemelos y que mucha gente quería que los abortara, incluyendo a mi familia, el Médico me pregunta cuanto tiempo tenía de embarazo y le contesté, que seis meses, él me dice que no; que tenía tres meses, y que no me preocupe porque el Médico me va a ayudar. Manejaba de regreso a casa y le pregunté Señor ese sueño tiene algún significado, solo contestó: "Fiel es el sueño y fiel su interpretación": El embarazo son tus dos hijos, que muchos se opondrán para que te los lleves, el Médico es el abogado que te ayudará para que puedas sacarlos del país, ya que mi ex esposo no estaba en el país y necesitaba su firma para poder sacarlos.

Cuando el Médico pregunto ¿Cuanto tenía de embarazo? le contesté, que seis meses, significaba que yo quería seis meses para viajar, pero él me dijo que eran tres meses, a partir de ese día,significó que tendríamos tres meses, desde ese dia, para viajar realmente.

En efecto, cuando les comunicamos a nuestros padres lo que Dios nos anunciaba, todos dijeron: ¡No! incluyendo al Pastor nos dijo que a Estados Unidos solo pueden ir personas sanas y menos con niños, la respuesta de Marco fue: Dios nos ha bendecido acá, allá también nos ayudará.

Aquello estaba latente en medio de nuestro trabajo, esa tarde oraba en el carro, mientras la joven entregaba el condimento en el restaurante, mi oración era: "Dios yo te amo, y quiero obedecerte, pero de verdad tú quieres que yo me valla a esa tierra lejana, mira mi condición física, perdóname, yo te amo, pero creo que estas loco.

El Señor solo me refirió a Deuteronomio: 10; 12-22 "Ahora, pues, Israel, ¿ qué pide Jehová tu Dios de ti, sino que temas a Jehová tu Dios, que andes en todos sus caminos, y que lo ames, y sirvas a Jehová tu Dios con todo tu corazón y con toda tu alma; 13 - que guardes los mandamientos de Jehová y sus estatutos, que yo te prescribo hoy, para que tengas prosperidad? 14- He aquí, de Jehová tu Dios son los cielos, y los cielos de los cielos, la tierra y todas las cosas que hay en ella. 15- Solamente de tus padres se agradó Jehová para amarlos, y escogió su descendencia después de ellos, a vosotros, de entre todos los pueblos, como en este día. 16- Circuncidad, pues el prepucio de vuestro corazón, y no endurezcáis más vuestra cerviz. 17- POR QUE JEHOVÁ NUESTRO DIOS ES DIOS DE DIOSES Y SEÑOR DE SEÑORES, DIOS GRANDE, PODEROSO Y TEMIBLE, QUE NO HACE ACEPCIÓN DE PERSONAS, NI TOMA COHECHO; 18- que hace justicia al huérfano y a la viuda; que ama también al EXTRANGERO; dándole pan y vestido. 19 - AMARÉIS, PUES, AL EXTRANGERO; POR QUE EXTRANGEROS FUISTÉIS EN LA TIERRA DE EGIPTO. 20 - A Jehová tu Dios temerás, a El solo servirás, a El seguirás y por su nombre jurarás. 21 - El es el objeto de tu alabanza, y él es tu Dios, que ha hecho contigo estas cosas grandes y terribles que tus ojos han visto. 22 - Con setenta personas descendieron tus padres a Egipto, y ahora Jehová te ha hecho como las estrellas del cielo en multitud."

Con semejante respuesta y subrayando el versículo diecisiete, me dijo todo, aunque estuviera con un impedimento físico,por la Distrofia Muscular, en la silla de ruedas. El no estaba tomando en cuenta eso, pues, El no estaba haciendo ACEPCIÓN DE PERSONAS, en mi caso tampoco lo hizo. No entendía como debería amar a los extranjeros, ya que nunca había salido de mi país, y quién más extranjera que yo, si no había aun salido de mi tierra.

Con esta palabra regresé a casa, mi madre y el resto de la familia estaban ahí, les expliqué lo que el Señor me dio horas antes, mi madre, ella no entendía como podría pensar en moverme a otro lugar cuando tenía una casa amueblada, dos sirvientas maravillosas, una fábrica de condimentos que estaba produciendo y que con bendición se iba expandiendo, para ella era algo que no lo podía creer, trato de razonar con nosotros, pero la única respuesta era: Amamos a Dios y teníamos que obedecer. Dios nos había dado todo, nos había prosperado, pero si no obedecíamos de igual manera nos lo podía quitar. Pues El da, El quita, aunque sabía que a como nos levanto aquí, también lo haría en cualquier parte.

No teníamos nada definido, solo sabíamos que teníamos que aligerar las cosas, ya que solo nos quedaban tres meses para realizar todo, los niños contaban con la visa y yo también, pero Marco no. Así que comenzamos ahí, sacar pasaporte y solicitar la visa, era un milagro que se la dieran, por que él no tenía nada a su nombre. Oramos aquella mañana y se fue a solicitarla, si era la voluntad de Dios se la darían.

Llegó el siguiente día, le acompañamos su madre y yo, nos quedamos en el carro, entre la multitud caminaba despacio, con su cabeza mirando el suelo y pensé, "Dios no se la dieron, ¡ Bueno! si Dios habló, se cumple si no, ¡No! Cuando se sentó en el asiento del auto, le miré y solo le exclamé ¡Qué!, sonrió y dice ¡Me la dieron! ¡Me la dieron!; era un paso y muy importante, faltaba el dinero, así que visite al banco, que ya antes me había indicado, me prestaron la cantidad que El me sugirió; en tres días ya el dinero estaba en la cuenta, nos quedaban los niños, ellos necesitaban la firma de su padre para poder salir del país, así que buscamos el abogado que mediante una publicación en el Periódico Nacional, anunciaba la salida del país de los menores y que si su padre no estaba de acuerdo, se presentara en los próximos ocho días hábiles para impedir su salida. ¡Bendito sea Dios! por su gracias y amor, todo salio muy bien, ya los chicos tenían su autorización de salida.

Al estar pensando en el viaje, dedicaba mucho tiempo a la oración Dios me explicó "Me estaba enviando sin alforja, sin bolsa, ni espada", ya que hay misioneros los cuales El pone como dice: San Lucas 10: 4 "No llevéis bolsa ni alforja ni calzado, pero hay otros como dice San Lucas: 22:35 36 "Y a ellos dijo: Cuando os envié sin bolsa, sin alforja y sin calzado, ¿Os faltó algo? Ellos dijeron: Nada. Y les dijo: Pues ahora, el que tiene bolsa, tómela, y también la alforja; y el que no tiene espada, venda su capa y compre una". No entendía que me quería decir, pero después de todo supe a que se refirió. En la primera parte el venía conmigo, no me faltaría nada, las pruebas vendrían y necesitaba la FE, CONFIANZA Y VALOR, para enfrentarlas, tendría que tomar la bolsa, la alforja y la espada, para superar los obstáculos que de seguro tuviéramos que enfrentar.

En unas de las oraciones el Señor nos explicó que el auto que teníamos (que por medio de la promesa lo obtuvimos siete años antes) un hombre de barba, que caminaría por el pasto (grama), en lugar de usar la acera, ese hombre sería quién nos compraría el carro, Marco trabajaba en un taller mecánico, y esa mañana él preocupado se marcho, pues ese día por la tarde necesitábamos viajar a la capital para abordar el avión, en la siguiente mañana. Y el auto no se había vendido aún, ese hombre de barba, todavía no llegaba, aún estaba en la puerta mirando cuando, entonces, fue cuando un coche rojo se estaciono fuera del portón, cuando le miré, supe inmediatamente que se trataba del hombre el cual Dios, nos explicaba, ese hombre tenía una barba grande y era gordo, caminó por el pasto (grama) hasta donde yo estaba, me dice: ¡ Señora! ¿Usted vende este carro? le contesté que sí, ¡ Bien! me dice, yo se lo compro, nos pusimos de acuerdo en el precio, y le acompañé donde el abogado, para darle la firma, me dio el dinero y lo cambié en dólares ya que quedaba muy poco tiempo.

Cuando llegué a donde Marco, eran las once de la mañana, para decirle que ya había vendido el carro y que necesitaba su ayuda para recoger las cosas de la casa; pues, Dios me había bendecido mucho y la casa estaba toda amueblada, así que teníamos que recoger todo y alistarnos, no teníamos mucho que empacar, pues, la recomendación que nos dieron era que no lleváramos mucho equipaje.

Alex regresó del Colegio, ella aun pedía tiempo para despedirse de sus amigas, pero tiempo era exactamente lo que no teníamos, los vecinos comenzaron a llegar y a preguntar cuando regresábamos, para nuestros pensamientos eran, "no nos hemos ido, cuando regresaremos". Pero lo cierto era que Dios nos traía, El nos regresaría el día que lo tendría a bien, nos despedimos de todos, la casa se la dejé a mi hermana, junto con la fábrica, esta fábrica tiene todo una cartera de clientes, confío que Dios la bendecirá con esto, ella la va a trabajar y me la cuidará hasta que regrese.

Nuestros padres estaban visiblemente dolidos, nunca nos habíamos separamos antes, pero esa fue la orden y se tenía que llevar a cabo, tomamos el autobús, rumbo a la capital, mientras viajábamos, recordé cuando oraba, en el cuarto de la lavandería en casa, y el Señor me mostraba una maleta y a la madre de Marco llorando, ella me abrazaba y me decía adiós, siempre pensé que ella se marcharía, jamás me imagine que éramos nosotros quiénes nos iríamos. Cuando nos despedimos ella estuvo en el autobús, llorando exactamente como el Señor lo mostró en la visión antes.

Josafatf de tres años, le comentaba a una joven que estaba sentada en el asiento del lado que íbamos a Estados Unidos, ella es mi mamá. La joven me miro, como diciendo a donde ira ésta, pues Marco me subió al bus alzada, pues mi problema físico me impedía subir por mi misma.

Llegamos a la Capital, tomamos un taxi, entonces, mi prima Gladys y su esposo nos esperaban, ya que por la madrugada estábamos en el aeropuerto, nunca me había subido en un avión, era bonito, pero preocupante pues los chicos venían en el tercer asiento de donde estábamos nosotros, y el niño quería ir al baño, pero mientras lo llevamos se hizo pipí en su pantalón, ¡Dios! todo lo que traíamos venía en la maleta solo a mano estaba un pantaloncito corto que usó en la venida a la Capital.

LLEGANDO A LA TIERRA LEJANA

Por fin, después de doce horas de vuelo; estábamos en Michigan a las siete de la noche, con un frió terrible y asustados pues ninguno hablaba nada Ingles, un Pastor, junto a la señora nos estaban esperando en el aeropuerto, al llegar a su apartamento, nos preocupamos más, era de dos niveles, el baño y servicio y los dormitorios estaban en el piso de arriba.

Marco me cargo hasta allá, por siete días comimos fideos, ya que nosotros no sabíamos como ir a la tienda, para comprar algo más que no fueran fideos, ya el apartamento donde viviríamos estaba apartado, compramos un carro, estaba bonito pero era automático y siempre maneje estándar, este era un gran problema, para mi. Marco obtuvo la licencia, yo debía practicar para realizar la prueba de la licencia.

Alex entró a la escuela, Josafatf también, Marco consiguió un trabajo por medio de la señora, que por recomendarlo cobró quinientos dólares. Despues de mucho tiempo entendí por que Dios me había traido a este lugar para ayudar a los emigrates que muchas veces son explotados por no conocer y no hablar el idioma Englesh. Ella nos presentó a una señora de Puerto Rico, a la cual le presenté el mensaje de Salvación, está señora nos bendijo muchísimo tanto con su apoyo, como trayéndonos diferentes personas para que Dios obrara en sus vidas.

Por la mañana, cuando ya tomamos el apartamento, el Señor me dicto lo que debías hacer:

Por cuanto Jehová es Dios, fiel, santo, justo, misericordioso, bondadoso, con sabiduría y con pensamientos de paz para vosotros. Orares así: Ayunares, durante un día de sol a sol, orares diez minutos divididos en hora, dormirás, antes leerás siete versículos Bíblicos; no mirando cansancio, hora o día, adorares todos los días mi nombre con cantos, alabanzas, oración, estudio de la palabra, serviréis, trabajares y os esfuerzareís.

Dejares de esperar que los demás hagan por vosotros, vuestras obligaciones y necesidades. Cambiares vuestro proceder y hablares del conocimiento y bendición que os he dado. San Juan 4-1-10 "Cuando, pues el Señor entendió que los fariseos habían oído decir: Jesús hace y bautiza más discípulos que Juan (aunque Jesús no bautizaba, sino sus discípulos), salió de Judea, y se fue otra vez a Galilea. Y le era necesario pasar por Samaria. Vino pues a una ciudad de Samaria llamada Sicar, junto a la heredad que Jacob dio a su hijo José. Y estaba allí el pozo de Jacob. Entonces Jesús, <u>cansado del camino,</u> se sentó así junto al pozo. Era como la hora sexta. Vino una mujer de Samaria a sacar agua; y Jesús le dijo; Dame de beber. Pues sus discípulos habían ido a la ciudad a comprar de comer. La mujer samaritana le dijo: ¿Cómo tú, siendo judío, me pides a mí de beber, que soy mujer samaritana? Por que judíos y samaritanos no se tratan entre sí. Respondió Jesús y le dijo: Si conocieras el don de Dios, y quién es el que te dice: Dame de beber; tú le pedirías, y él te daría agua viva."

Realmente tendríamos algo en común con estos versículos aunque estuviera cansada del camino, tenía un plan que Dios me estaba dando.

Tomares de vuestra alacena y bendecirás a otros, mostrándoles el amor de Cristo y la bendición de dar. Isaías 2-11: "La altivez de los ojos del hombre será abatida, y la soberbia de los hombres será humillada; y Jehová solo será exaltado en aquel día." Era claro que al compartir con los demás los alimentos, la palabra de Dios, el amor y la misericordia de Cristo Jesús, las personas altivas, soberbias verían un cambio que al final será para exaltar a Jehová, pues mediante todo esto aprenderían a dar y compartir, también el amor de Dios.

Apartares el diezmo de lo que tengáis y lo guardares, para que cumpláis la promesa hecha, antes de salir en obediencia harás esto por mandato. La ofrenda la darás a la Iglesia que valláis, donde alaben, adoren, oren y obedezcan mi palabra - fiel quién te llama el cuál también lo hará.

Jamás os olvidares de vuestros padres, orares, les escribirás y les asignares dinero por mes, para sus necesidades, ellos darán gracias por vuestra bendición. Fueron las reglas básicas para comenzar la obra que Dios nos había traído a realizar acá. Y se inició la Evangelización mostrando los pasos que Dios ya había determinado.

Los hermanos ya eran muchos, los cultos se realizaban todos los días, y el fin de semana nos reunimos en una Iglesia americana, en esta Iglesia nos recibieron con todo amor de Cristo, por unos meses todo estuvo muy bien, aunque necesitábamos interprete para poder comunicarnos, llegó navidad y al llegar a la Iglesia visualizamos todos los ídolos, enfrente al altar, estaban construidos algunos en madera, otros en yeso, el grupo decidió regresar a casa para que les instruyera acerca de esto, y tomar la decisión de quedarnos en este lugar o retirarnos, después de mucho orar llegamos a un acuerdo, buscar otra Iglesia, para adorar a Dios. Ya que Éxodos 20:4-5 "No te harás imagen, ni ninguna semejanza de lo que esté arriba en el cielo, ni abajo en la tierra, ni en las aguas debajo de la tierra. No te inclinarás a ellas, ni las honrarás; porque yo soy Jehová tu Dios, fuerte, celoso, que visitó la maldad de los padres sobre los hijos hasta la tercera y cuarta generación de los que aborrecen.

El grupo era grande, pero siempre sentí que Dios me trajo a Evangelizar y no a Pastorear, por eso buscamos una Iglesia que nos respaldará, ya que necesitábamos la cobertura de una denominación, para funcionar como Iglesia.

Marco trabajaba de las nueve de la mañana, a una ó dos de la mañana, de lunes a sábado, con excepción de los miércoles que entraba a las seis de la tarde.

Yo trabajaba en la obra del Señor toda la semana, pero en el día cuidaba siete niños, una de las madres se quedó sin auto, para venir a dejar al bebe, así que necesitaba que Dios me otorgara la licencia de conducir, oré a Dios, en mi país podía ir y venir a donde quería, aquí me trajisteis a encerrarme en cuatro paredes, llorando, en su misericordia dice: "Te doy doce días para que practiques, vallas a hacer el examen escrito y cuando el instructor te examine, no le importara si te mueves la pierna con tu mano, o no; (porque para manejar me tengo que mover la pierna con la mano, debido a la Distrofia Muscular, mi cerebro estaba programado para manejar el carro estándar,(manual) pero el automático necesitaba una sola pierna que mover, era lo que necesitaba practicar).

Realicé el examen y no tuve problema, ahora quedaba el examen práctico, al llegar a realizarlo, manejé para que el instructor no me viera caminando y pensara que no tenía la capacidad de conducir, como no hablaba Ingles José un hermano que Dios puso en el camino que nos ha servido de gran bendición; nos acompañó y él le explicó que me movía mi pierna con la mano, del freno al gas y del gas al freno. El inspector contestó que a él no le importaba si me movía la pierna con la mano o no, lo único que el iba a valorar era si yo podría conducir o no.

Al terminar el examen, el inspector exclamó ¡Eres una muy buena conductora! Lo que él no sabia era que Dios es quién maneja por mi, pues muchas personas pensaban, como no puede caminar y puede manejar un carro estándar.

¡ A Dios la gloria y la honra! El siempre ha hecho todo para que nosotros tengamos lo que necesitamos, oramos ahí mismo en el carro, y mi felicidad era tan grande por la bendición de obtener la licencia, que el Señor se gozó y hablo: - Inclina tu oído hijo mío que te voy hablar, he visto tu entrar y tu salir, te he mirado que por las noches no duermes, quiero que tomes por siete días por la mañana y por la tarde, una taza de leche, con dos astillas de canela, le pondrás una yema de huevo, le batirás con una uva y una cucharada de azúcar y yo pondré mi mano. Solo esperó lo suficiente para dar el testimonio Dios se glorificó grandemente en esto.

Cuando Dios me prometía que me traería a este país, me mostró a un varón alto, grueso, que hablaba muy bien Ingles y era un hombre que me ayudaría mucho respecto a mi ex esposo, lo que jamás me imagine era que su nombre era José y que al llegar acá, le conocería y el se convirtió al Señor, a partir de ahí era mi hermano en Cristo, y un ser que Dios usaría tanto en el futuro. Estos son los Ángeles que Dios usa para ayudar, y bendecir a sus hijos.

José, se había casado y unos años después, tenía muchos problemas con su esposa, aún su residencia no la tenía, y ella no estaba dispuesta a firmarle ante Migración, pero si ella no firmaba de echo que él no obtendría su residencia y eso significaba un problema fuera de las manos de cualquier humano. Así que conociendo quién tenía todo para realizar las cosas, fuimos a su presencia:" El Señor dijo- Vive Jehová

Dios de los Ejércitos, que si tu no te apartares ni a derecha, ni a izquierda, anduvieras en mis caminos, y me obedecieras, amándome como yo te amo, a su debido tiempo Yo te daré la residencia en este país."

Era una promesa, confiamos fiel mente que si él lo prometió lo cumplirá por que la palabra dice: Números 23-19: "Dios no es hombre para que mienta, ni hijo de hombre para que se arrepienta." Pasado un tiempo faltaban dos semanas para que ella fuera a Migración a firmar, oramos pero el Señor no exclamó nada. El se desesperó y fue a buscarla, la única respuesta que encontró en ella fue que no iría y que más bien ella pensaba plantearle el divorcio. Regresó muy dolido, y con su fe muy por debajo de lo que a Dios le agrada, pues la palabra dice que; Hebreos;11-6 Sin fe es imposible agradar a Dios", pero precisamente Dios nos tendría acá para eso, oramos otra vez, el Señor solo le dice: Hijo mío no se turbe tu corazón, ni tengas miedo, Yo te prometí darte le residencia en este país, y te la daré, y si es necesario enviar a un ángel para que esa mujer valla, a firmar lo mandaré.

El se tranquilizó un poco, y al comenzar la semana, ella le llamó pidiéndole que fuese a su casa, que ella necesitaba conversar con él. Me quede orando pues Dios era quién metió la mano aquí. Cuando él regresó visiblemente gozoso, vino a compartir su felicidad ya que ella iría con él a firmar; el siguiente día, no pudo explicar mucho pues tenía que irse a preparar para su entrevista. Todo salió bien le dieron su residencia, Dios se glorificó, y no tendríamos con qué pagarle al Señor su amor y bondad.

Cuando regresó José, pudimos compartir con el su gran victoria, esta mujer no conocía al Señor y cuando ella le llamó, era por que Dios le había mandado a alguien para que le explicara el mensaje de Salvación y ella se arrepintió, hasta le pidió perdón a José y al reconocer a Cristo en su vida, tomó la decisión de firmar y no solo eso también de tratar de tener una muy buena relación entre ambos.

Con este testimonio, él se dedicó a contarlo a sus amistades pronto la casa estaba llena, en este lugar no había Iglesia en Español, si existían muchas denominaciones pero no en Español, así que realizábamos los cultos cada día en casa, un apartamento de dos cuartos pero que el amor de Dios estaba presente, compartimos todo, llegamos a ser muchos, pues Dios añadía cada día los que eran salvos.

José tenia dos hijos en su país, su anhelo era que un día él los podría traer con él, oramos un buen día y Dios le prometió que pasarian dos tiempos, medio tiempo, tres tiempos más, y un tiempo más, habían pasado alrededor de siete años cuando Dios cumplió dándole los hijos con todo y documentos en este país, aunque uno de ellos, no quizo moverse aca. A Dios la honra y la gloria.

Encontramos una Iglesia en Español a cuarenta millas de casa, con un Pastor que era Americano pero que se creció en Perú, y por eso daba los cultos en Ingles y Español, todo estuvo bien hasta que unos meses después Dios me dio una palabra para una joven que había quedado viuda, y al Pastor no le agradó, pues no creía en el don de las lenguas, como dice:1 Corintios 12: 1 -10 "A otro, el hacer milagros; a otro profecía; a otro, discernimiento de espíritu; a otro, diversos géneros de lenguas; y a otros, interpretación de lenguas." El Señor me bendijo años atrás con el don de las lenguas y su interpretación, no era algo que se usa cuando quiere, si no que Dios tiene el control cuando y como manifestar su gran poder. Y este Pastor me dijo que si no hablaba en lenguas, era bienvenida en su Iglesia, pero si sequia hablándolas mejor me fuera, ¿me hecho? ¡Supongo que si! no podía controlar o decir que hacer al Espíritu Santo, con esto nos despedimos de ese lugar, y el grupo se fue con nosotros, pues ya estaban instruidos en la doctrina de Cristo.

Encontramos en el invierno una pareja con dos niñas, ellos Americanos pero estaban durmiendo en su auto, ellos tenían una hermosa casa de tres plantas, (tres niveles) con un cobertizo, que se daba un aire a una cuarta planta, (cuarto nivel) rodeada de árboles, en un lugar apartado de la ciudad, pero ellos no podían vivir en esa casa, debido a que ella tiempo antes visitó un lugar en África, y se trajo una estatuilla de una diosa que veneraban en ese lugar, desde eso el esposo de ella perdió el trabajo, donde ganaba un muy buen sueldo, y esa casa estaba llena de demonios, por lo que era imposible que ellos permanecieran en la casa.

Asi que decidimos traerlos a casa, ahí vivieron casi dos meses con nosotros, pero el hombre estaba muy turbado, así que ella decide llevarlo al médico y lo internaron por ocho días, los cuales aprovechamos para ir a esta casa con el resto de los hermanos para orar y limpiar la casa, oramos ella nos entregó todo lo que tenía que ver con la dicha diosa, y un paquete de marihuana, para que los quemáramos, ella renunció a todo y nos permitió limpiar su casa espiritual y físicamente.

Ellos compartieron con nosotros la palabra, se les explicó lo que la Biblia expresa, ellos aceptaron al Señor y ella se bautizó, declaró públicamente que Cristo era su Dios. Las niñas, Alex las bañaba y cepillaba sus cabellos, estaban lindas. Este varón era de familia Hebrea, y el entendía el Vasco, en medio de la oración el Espíritu Santo me dio el Idioma Vasco y parte del Hebreo, para que le explicara el plan de Salvación, pues yo no hablaba Inglés, menos Vasco o Hebreo y él no hablaba Español, así aceptó a Cristo en medio del llanto. Al salir él del hospital, le llevamos a su casa, le agradó y se quedaron, nos sentíamos muy bien por que Dios se había Glorificado.

Nuestro permiso de estadía en este país se expiró tiempo atrás, por lo tanto ellos sabían que estábamos indocumentados en esta ciudad, pasaron pocos meses, cuando recibí una llamada de parte de ella, que me pedía veinticinco dólares por que él quería de vuelta el libro que explicaba sobre la diosa, que les había traído parte de sus desgracias, ella comentó que si no se los dábamos, nos denunciarían a Migración para que nos deportaran, sentí un escalofrío que me atravesó el cuerpo, solo alcancé a decirle que por cual de todo el bien que le había hecho, me aria tan gran mal. Pero que le daba cincuenta dólares, solo que tendría que venir por ellos, por que no tenía carro disponible en ese momento, para ir a dejarselos.

Ellos no vinieron por el dinero, así que me preocupé y , visitamos una familia Americana que son Ángeles del Señor y les contamos lo que pasaba, pero ellos no tuvieron en la mano una solución, regresamos, pero en el camino oraba a Dios, y recordé sus palabras cuando el me mando a este lugar; el Señor me dijo: Vive Jehová y jura por si mismo por que no tiene por otro por quién jurar que aunque caiga Migración a la derecha ó a la izquierda a ti no te tocará. Eso me fortalecía.

El Señor me dijo: Que me pusiera en medio de la sala, del apartamento, que levantara mi mano derecha y reprendiera todo lo que venía del norte, sur, este y oeste, y que el que levantará la mano contra nosotros El se la iba a cortar.

Pasados no más de tres semanas, una noche la hermana Sonia y José orando juntos, ella por teléfono y el presente clamábamos a Dios, y el Señor nos visitó con una palabra: "Hija mía, conociendo tu corazón se que si supieras a quién se le pedirá su alma está noche, llorarías y rogarías por ella, (sentí algo que se me rompía adentro), "Yo les he mostrado mi amor y mi poder, y ellos no han podido ver porque, amaron más las tinieblas que la luz.

San Juan 3:19: Y esta es la condenación: que la luz vino al mundo, y los hombres amaron más las tinieblas que la luz, porque sus obras eran malas.,

Está igual que aquel que preparó todo para llenar el granero y pensó que su alma tenía muchos bienes, pero necio, esta noche pedirán su alma,

Lucas 12:20: Pero Dios le dijo: Necio, esta noche vienen a pedirte tu alma; y lo que has provisto, ¿de quién será?. Y está noche pedirán su alma."

Pero después de la oración, nos quedamos comentando lo que el Señor querría decir, con todo eso, eran pasadas de las once de la noche, y dejamos las cosas así, por la tarde del día siguiente a las tres de la tarde me llamó la esposa del hombre que nos amenazó, con enviarnos Migración, me sorprendí que lo hiciera, pero la traté cortésmente, y le pregunté en que le podía ayudar, ella sollozó y solo me alcanzó a decir que su esposo se había suicidado la noche antes, a las dos de la mañana. Y que nos viéramos en algún lugar para que orara por ella. Lloré con ella no lo podía creer, Dios me reveló la muerte de él y yo no le entendí. De verdad que no tenía rencor y mi oración nunca fue para que él muriera, solo queríamos que Dios nos protegiera, y él decidió lo demás. Por eso la palabra expresa en: Isaías: 54-17 "Ninguna arma forjada contra ti prosperará, y condenarás toda lengua que se levante contra ti en juicio. Esta es la herencia de los siervos de Jehová, y su salvación de mí vendrá, dijo Jehová."

CARTA PARA LUIS Y CRIS

Lloré y me preocupé, porqué días antes el Señor me había hablado sobre Cris y Luis, (mi hermana y mi cuñado), antes de salir de mi país ellos habían recibido a Cristo, incluso él tubo la dicha de sentir y ver el milagro de su sanidad, lo que no entendía era "el por qué" Dios me mandaba a escribirles una carta, pidiéndoles que no realizarán lo que estaban pensando, que era visitar a un encantador, o adivino, el Señor no me reveló el por que ellos irían a ese lugar pero si me explicó, que si ellos hacían esto, lo que provocarían era un accidente con su autobús (Luis tiene una línea de buses, y él es chofer de uno de ellos).

"Y a ti varón, te digo soy Jehová tu Dios, el que vive por siempre, si caminares en integridad delante de mí, y me buscares de madrugada, no fueres detrás de dioses falsos, de encantadores y adivinos de hombres con capas largas que retienen el amor y la misericordia con injusticia. Isaias 8:19 Y si os dijeren: Preguntad a los encantadores y a los adivinos, que susurran hablando, responded: ¿No consultará el pueblo a su Dios? ¿Consultará a los muertos por los vivos?

Sí, he visto como te has mantenido rechazando los que te invitan a buscar el mal, también he mirado tu arduo trabajo, si tú hicieras de buscarme a Jehová Dios de los Ejércitos, a mi hijo Jesucristo y al que provee sabiduría, el Espíritu Santo, y andubieres bajo mi voluntad.

Yo concederé la petición de tu corazón, (Comprar un nuevo auto bus). Y en tres tiempos (simbolizan tres lunas) sabrás que Jehová es poderoso para hacer todas las cosas."

DIOS CONTESTA LAS LLAMADAS

Era la una de la madrugada, cuando sonó el teléfono, no me extrañaba, ya que muchas personas solían llamar a esas horas, pues en este lugar se trabajan horarios corridos, y tiempo es lo de menos ahí, pero la soledad de tener los familiares lejos, y problemas aquí, allá, no faltan, pero era una mujer que no conozco y que vivía en Canadá, alguien le proporcionó mi número telefónico, ella solo me pidió que orara por ella. Clamé al Señor y la llevé a su presencia, me dijo que su nombre era Maura, mientras la ministraba en presencia de Jehová, él me reveló que ella tenía problemas con su esposo, y en su pierna derecha, además sufría de depresión, le pregunté por lo que recibí del Señor y ella se puso a llorar, así que oramos por ello.

Al poco tiempo toda una congregación del otro lado de la Frontera entre Estados Unidos y Canadá, llamaban a todas horas para recibir, consuelo, exhortación, bendición y demás, me pasaba horas al teléfono, orando y aconsejando, el amor de Dios no tiene límite, ni fronteras, así que ellos querían que los visitáramos a allá, ellos cubrirían todo los gastos, pero solo teníamos un problema nuestros papeles acá no nos dejaban salir, por que si lo hacíamos, no podríamos regresar. Llevé este punto a Dios, a su presencia pues de verdad me hubiera gustado estar en ese lugar, el Señor solo me dijo: "No se turbe tu corazón, ni tenga miedo que un día, aun que contra la ley de las naciones Yo te daré los papeles en este país, y lo haré". Sabía que El era maravilloso y que si lo dijo lo cumpliría.

Al continuar recibiendo llamadas de todas partes para oración, todas estas almas, las cuales Dios ama profundamente y El de hecho que sí las conoce; aunque yo no tuviera ni idea de como eran, me hacía recordar una vez que hablando con El, a solas me decía: "Que gente que no me conocían correrían a mi, a causa de El". La palabra lo afirma en; Isaías: 55 -5 "He aquí, llamarás a gente que no conociste; y gentes que no te conocieron correrán a ti, por causa de Jehová tu Dios, y del Santo de Israel que te ha honrado".

Una tarde a eso de las tres, recibí una llamada era procedente de mi tierra, que gustó, ¿ Quién podría llamarme de allá?, era Luis, con su voz asustada me preguntó que como estaba, le contesté que muy bien por la gracia de Dios. El recibió la carta que el Señor me mandó a escribirle, donde le advertía que no fuera a visitar a los encantadores y adivinos. Ese día la había recibido solo que me explicaba que efectivamente él visitó ese lugar un día antes de leer la carta, y que a las dos de la tarde hora de mi país, sufrió el accidente, gracias a Dios no hubieron muertos pero si algunos heridos y el autobus con varios daños.

Oré pidiendo a Dios que le perdonara, él oró conmigo al teléfono, y luego me explicó que el hombre con quién estaba asociado, en la línea de autobuses, no cumplía con todo lo acordado y que además este hombre visitaba los brujos y hechiceros, para que el, tuviera problemas y abandonara la sociedad, de esa manera su socio se quedaría con todo. Por supuesto que aunque Luis creía en Dios, la desesperación era grande, y es ahí donde Satanás se aprovecha, para que perdamos la fe, y busquemos medios que bien si no ayudan por lo menos dan más demonios de destrucción, tanto para el que lo busca como el por qué lo busco.

Por eso él tubo el accidente, ya que le abrió las puertas al Diablo para que mandara demonios de destrucción, que a Luis mismo lo afectaron. Lucas: 6-38 Explica: "Dad, y se os dará; medida buena, apretada, remecida y rebosando darán en vuestro regazo; porque con la misma medida con que medís, os volverán a medir. No conozco las intenciones de Luis para visitar este lugar, pero de seguro que la medida no era muy favorable, así que lo mejor era que reconociera que esto era pecado y que Dios es fiel y justo para perdonar a todo aquel que se arrepiente, además debía hacer algo más, perdonar a su socio, como dice Lucas 11- 4:" Y perdónanos nuestros pecados, porque también nosotros perdonamos a todos los que nos deben. Y no nos metas en tentación, más líbranos del mal." Pero el Señor también le refirió que el hombre de cara dura y tez embravecida, no prosperaría en hacerle mal, y que se lo dejara en sus manos, por que mía es la venganza yo pagaré dice el Señor. Romanos 12:19.

Continué orando por la situación de Luis y su socio, Dios me dictó una carta para él:

SEGUNDA CARTA PARA LUIS

Joven has sido y he mirado, la aflicción en tu alma, he conocido que tu corazón, hoy está arrepentido, derrama lágrimas ante el Dios del cielo, renuncia a toda maldad y de toda impiedad.

El hombre que está puesto ahora al frente, tiene cara fiera y él es provocador, es de humilde apariencia, pero su corazón se ha ensoberbecido y se a enorgullecido, enseñoreandose de ti.

Vive Jehová que librará tu alma de él, quitará de él lo más preciado, y lo más valioso; sustenta tu vida, dándote gracia ante los ojos del pueblo.

No te olvides de doblar tus rodillas delante de mí, de clamar por la mañana, de buscarme al caer la noche. No inclines tu oído y por ende tu alma a cosa mala, jamás busques, visites o atiendas, encantadores, adivinos, brujos o hechiceros. El que haga o comparta algo de todo esto recibirá la maldición y se le cortará toda bendición: Isaías 8: 19-20: "Y si os dijeren: Preguntad a los encantadores y a los adivinos, que susurran hablando, responded: ¿No consultará el pueblo a su Dios? ¿Consultará a los muertos por los vivos?

¡A la ley y al testimonio! Si no dijeren conforme a esto, es por que no les ha amanecido".

Cuando el impío dejare el camino y se volviera a Jehová, yo sanaré su vida, su tierra, y su parentela. 2 Crónicas: 7: 14-15 "Si se humillare mi pueblo sobre el cual mi nombre es invocado, y oraren, y buscaren mi rostro, y se convirtieren de sus malos caminos; entonces yo oiré desde los cielos, y perdonaré sus pecados y sanaré su tierra.

"Ahora estarán abiertos mis ojos y mis oídos a la oración en este lugar". No pasarán tres tiempos, que veas la obra de Jehová tu Dios.

CUMPLIENDO LA MISION

Conocía perfectamente que mi trabajo delante de Dios es servir, ayudar, tratar de solucionarles los problemas a todos aquellos que tuvieran, orar y llevar el mensaje de Salvación. Por supuesto teníamos el llamado y, corríamos siempre por aquellos que sus autos no funcionaban, la nieve es cruda, y el frió terrible, pero tenemos gozo por servir, nuestra misión era llevar el mensaje de Salvación y mostrar el amor de Dios.

Conocimos tantas personas que tenían diversas necesidades, tanto de trabajo, apartamento, poner luz, gas, teléfono a sus nombres, primero el idioma, luego que estas almas venían llegando, sin un documento, comenzaba por ahí, ayudarles a conseguir sus identificaciones del estado. Muchas de estas, nunca habían conducido un auto, así que hasta instructora me tuve que hacer. Eran tantas las personas que llegaron a pedir una orientación para obtener todo eso que pronto la oficina, se abrió a todas horas del día. Ya con cita pues cuando salía, regresaba encontraba ochenta llamadas de diferente gente, que ocupaba algo.

Nunca me imagine que a eso me dedicaría, pero era parte del servicio y trabaja muy duro; pagaba todas las cuentas, solo para que me despreocupara y pudiera a tender a tantos, pues este lugar lleva mucho trabajo pero más de ello soledad, porque en su mayoría son personas que buscan un mejor porvenir para sus familias y para si mismos, no es fácil, enfrentar una nueva cultura, sociedad, leyes y dejar lo que realmente nos pertenece, con el propósito de darle a lo que quedó en su país y en su pasado, lo mejor y que se vuelve tan importante al presente.

Por eso compartimos con muchas personas de diversas culturas y procedencias, pero con un objetivo común ayudarles y llevarles una esperanza que Cristo les ama y quiere bendecidles donde quería que tu estés y como estés. Nos preocupamos siempre por el bienestar de todos los que nos rodean, no falto quién, no le pareció lo que hacíamos y llegaron los comentarios negativos, llorando me presente delante de Dios, y El solo me respondió: "Hija mía he visto tu abnegación y tu trabajo y te voy a enseñar algo con sabiduría, cuando sirvas, cuando des; nunca esperes que te paguen o te acrediten nada, porque es cuando se sufre más, Cuando el corazón da las manos, siempre están llenas, pero cuando las manos dan el corazón se duele". El apóstol Pablo estaba en la misma condición que tu, ¡hoy!, cuando dijo que era mejor estar ausente del cuerpo y presente al Señor, pero que a causa de vosotros, era necesario estar en el cuerpo". Filipenses 1:23-24 Porque de ambas estoy puesto en estrecho, teniendo deseo de partir y estar con Cristo, lo cual es muchísimo mejor cosas; pero quedar en la carne es más necesario por causa de vosotros.

Renové fuerzas y continuamos el trabajo, la Iglesia continuaba en el apartamento, y buscamos una Iglesia en otra ciudad, que su Pastor era de origen Dominicano, y que nos apoyó muchísimo, nos acompañaban, a todas las reuniones y como el grupo crecía, planeamos mediante ayuno y oración buscar un lugar para abrir la Iglesia, pues el apartamento se convirtió muy pequeño para tantos, el Pastor Andrés Veloz, nos ofreció el Pastoreado a Marco y a mi, sabia que Dios me trajo acá por un propósito pero la verdad que no estaba segura que podría llevar este pastoreado, pues por cierto mi divorcio ya estaba en trámites desde hacía nueve años antes, pero que no se pudo llevar a acabo debido a que mi ex esposo estaba en este país y yo en el mío. Pero Dios controlaba todo, y El ya tenía quién me ayudaría con ello. El hombre alto, grueso que hablaba Ingles me ayudaba, que Dios me mostró años atrás en una visión, lo había encontrado y de hecho me ayudó muchísimo, pues fue él quién se encargo de comunicarle a mi ex esposo todo referente al divorcio.

habíamos empleado dinero, tiempo y esfuerzo para que ese divorcio llegara pronto, pues su ilusión era casarnos y que Satanás dejará de acusarnos delante de Dios y de los hombres. Orábamos siempre por ello, muchas veces doblamos nuestras rodillas delante de Dios para que me sanara, lo vi llorar tantas veces, para que Dios nos diera un hijo, y me sanara, eran sus dos peticiones, el Médico nos explicó que debido a la Distrofia Muscular no podía tener más hijos, porque eso aumentaba el daño, de la enfermedad, y que la Distrofia Muscular no tiene medicina en ninguna parte. Solo quedaba la fe, y el apoyo mutuo como Dios nos mandó.

DARDO DE SATANAS

En todos los años de ministerio, habíamos ayudado a tantas personas, tanto mujeres como hombres, solteras, divorciadas, casadas, y Marco nunca había cambiado, amaba a Alex y Josafatf, les cuidaba les daba lo mejor, una mañana, él esperaba para ayudarme a bañarme y ponerme el vestido, como solía hacerlo siempre, como los niños se iban a la escuela, el antes de irse al trabajo me dejaba lista, y me llamaba muchas veces para ver como estaba o si necesitaba algo, solo que tanta gente venía o llamaba que su preocupación era mas bien exagerada. Cuando sonó el teléfono, era una señora que llamaba de mi país quién era la esposa del Pastor que me había pastoreado en mi patria años antes y estaba eternamente agradecida porque ellos me habían apoyado mucho en tiempos atrás, por lo tanto mi corazón estaba dispuesto ayudar en lo que necesitaban.

Ella preguntó si me había acomodado bien, le dije: ¿Por qué? Ella tenía una hija que recién se había divorciado y quería que le ayudara para que viajara y necesitaba dinero para pagar el tiquete, (boleto o pasaje) para ella y para su hijo. Ese día no teníamos dinero pues escasamente unas cuatro semanas antes compramos una van en la agencia de autos con un costo de diecinueve mil ochocientos ochenta dólares, dimos una prima de tres mil dólares que aparte de que Marco trabajaba, los fines de semana hacia tamales para vender, con ello recogimos el dinero para la prima del carro. Pero con tanto gasto no podía ayudarle a ella y a su hijo, con sus tiquetes. Por lo tanto mi respuesta fue que en unas semanas más le compraría sus tiquetes, mientras que le buscaba trabajo también.

Oré al Señor por ello y me indicó que no estaba preparada para recibir a esta mujer y a su hijo, no sentí al Señor muy convencido respecto a ella. Pero pensé que era por no tener el dinero para sus tiquetes. El auto que teníamos Marco lo golpeó en tiempo de nieve, y solo usábamos la van, así que ese día por la mañana llamó Ana, la joven que vivía en Canadá y que era mi hija espiritual, para decirme que llegaría a eso de las siete de la mañana del día siguiente, y ese mismo día compré el tiquete de Dunia y su hijo quienes llegarían ese otro día por la noche. Marco estaría en el trabajo a las nueve de la mañana, así que él recogió a Ana, y yo le dejaría a él en su trabajo, para tener la van he ir a recoger a Dunia y su hijo al aeropuerto. A las diez de la noche, José, Ana y los chicos fuimos a levantar a Dunia, con su hijo. Ella entraría a trabajar ese otro día en un hotel y yo le cuidaría a su hijo mientras lo aceptaban en la escuela.

Le presenté a Marco, ella le miró y me dijo: ¿Es americano?, ¡No! el es de Costa Rica también, Marco estaba joven, elegante, y con un cuerpo esbelto, además con un corazón de oro, porque amaba a Dios, ella pronto la veía atendiéndole con mucha confianza, y Marco comenzó a cambiar, no me podía imaginar que pasaba, él siempre solía llegar del trabajo entre la una y dos de la madrugada, y jamás dejaba de orar junto conmigo, siempre por más cansado que estuviera buscaba la presencia de Dios. Pero al verlo así, tan diferente conmigo y con Dios, recordé una noche que el grupo de oración estaba en el apartamento y Marco llegó y no más cuando él entró Dios se refirió a él: "Hijo mío a tí te estaba esperando, quiero que inclines tu oído por que te voy hablar, hay un estanque con muchos peces, pero tú no tienes cuerda, ni red para pescar, si quieres pescar uno de estos pescados vas a tener que meter tus manos, y las escamas erirán tus manos y por ende también tu alma, y no te garantizo que no te valla a doler. Por el tono como lo dijo implicaba problema, cuando nos quedamos a solas, le dije ¿Por qué te dijo esto el Señor? Me contestó, ¡No lo se! Y lo dejamos ahí, pero era fácil la interpretación de esta parábola lo que el Señor quería decirle era que no fijara sus ojos en otra mujer, por que estaba comprometido conmigo y no tenía derecho, pero si lo hacía, eso le iba acarrear dolor y mucho sufrimiento.

Ya Dios le había amonestado unos días antes y le explicó: "Sabes que te amo y que el barco esta en el mar, en medio de la tempestad, este barco tiene timón y proa, debes confiar, ten fe, esfuérzate y se valiente que juntos saldremos de todo esto." La parábola tenia sentido y sabíamos que el Señor, nos había dado una misión, era el barco donde estábamos, el mar era el lugar en el cual nos encontrábamos, lejos de nuestra tierra y nuestra parentela, en un país extraño, la tempestad todos los problemas que enfrentábamos diariamente, el timón era Marco y yo la proa, para poder salir adelante necesitábamos confiar, tener fe, esforzarnos y ser valientes. Con Dios todo es posible.

Por la mañana de cada domingo, visitábamos la Iglesia, porque por la tarde el culto era en casa, ese día Marco no quería ir a la Iglesia, extrañó, él siempre fue el primero en acomodar a los niños y ponerme en la van, para ir al templo, pero esa mañana fue diferente, le invité a Dunia y Ana ellas estaban listas para irse conmigo, cuando Marco apareció ya arreglado y nos fuimos, visitamos la Iglesia y estuvimos en un zoológico cerca de la otra ciudad, la verdad que no noté nada raro, Marco estuvo dándome su mano para caminar y nos divertimos muchísimo con los chicos, Tomaron fotos, que con el paso del tiempo me sirvieron de recuerdos.

La siguiente noche me visitaron unos hermanos que necesitaban oración, oramos y el Señor dio una palabra: "Hija mía no temas ni desmayes, yo soy Jehová, Dios de los Ejércitos, y nunca te dejaré, se irá el de la derecha y el de la izquierda pero yo no me iré de ti. Por tanto te enseñaré algo sobre mi palabra, cuando una persona no me conoce a mi y cometiera falta contra tí, tú dirás como dice mi palabra, perdónales Señor, porque no sabe lo que hace, pero si está persona conociera mi palabra y cometiera falta contra ti. Yo le diré que la palabra dice que mejor se atara una piedra al cuello y se lanzara al mar; que servirle de piedra de tropiezo a uno de estos pequeños. Ha pasado mucha agua en el rió, y el puente ya casi está listo". Cuando terminó la oración, nadie dijo nada, solo Dunia, se levantó y expreso, esa palabra fue para mi, le pregunté ¿Por qué?, ella contestó, yo se por qué se lo digo.

Los días pasaron y al dueño de los apartamento, le hablé, para que le diera un apartamento a ella y su hijo, le busqué una persona que compartiera con ella los gastos. Los hermanos nos ayudaron a amueblar y alfombrar el apartamento, para que ella se pasara a vivir. Pero ella no quería irse a vivir allí, al fin se fue dos semanas más tarde. Marco salía al rededor de la una o las dos de la mañana, y extrañamente llegaba a casa alrededor de las cuatro de la madruga, me sentaba en el sofá a esperarle para darle de cenar. Su indiferencia era cada día mayor, y nos fuimos todos los hermanos almorzar, incluyendo a Dunia y Ana, de parte de Ana vino un comentario, diciendo que ¿Que harías si tú mejor amiga estuviera quitándote tu marido? Solo sentí un balde de agua fría en mi espalda, y no encontré respuesta.

Le había cuidado un niño a una joven que trabajaba mucho tiempo y en verdad Luisito era como mi hijo, ya era un año y tres meses que le cuidaba, y su madre era muy buena amiga, le evangelicé y le expliqué la Palabra, muchas veces y Dios realizó varios milagros, incluyendo una sanidad de su mano, ya que ella era lavaplatos en un restaurante, y el agua caliente y fría le daño su mano a tal extremo que se le rompió a salirle sangre. Pero la obligación era grande, un hijo y una madre que mantener en su país, por eso como fuera tenía que trabajar, oramos y Dios nos indicó que usar para que su piel se sanará. Gracias a El por su amor.

Ana, no explicó que amiga era, pero podía pensar que era cualquiera, jamás me imagine en realidad quién era. Por la tarde Dunia llego a casa, y le pregunté que sabía del asunto de lo que comentó, Ana en el día anterior, ella me aseguró que era la madre de Luisito, me dolió mucho, pero no podría creerlo, Marco llegó a las cinco de la mañana, le pregunté que si iba a continuar así, me contestó que mientras se lo permitieran, continuaría del mismo modo.

Sufría en silencio, lloraba delante de Dios, que me aclarara de lo que estaba pasando, que me diera una fortaleza que no tenía, pero Dios se quedó callado, esa tarde me visitó

Ana y me explicaba que Marco estaba con Dunia, que era ella quién estaba por las madrugadas con él.

Me moría de dolor, pero le pedí a Dunia que viniera, que necesitaba hablar con ella, cuando estaba sentada en el sofá, me explicó que Marco le propuso matrimonio y que ella no lo quería, ni le gustaba, pero lo que ella realmente quería era la van, que escasamente tendría un mes y tres semanas de haberla comprado, mi respuesta fue que se quedará con él, y que la van estaba a nombre de José y bajo mi responsabilidad. Porque Dios lo determino de esta manera, antes que todo esto pasara.

Llamé a Marco al trabajo y le pregunté que ¿Por qué no me había sido sincero? desde que hablamos, si existía otra mujer, por su puesto que me dijo que no. El esposo de la hermana de Marco, Rodolfo tocó la puerta para decirme que está pasando que Marco le llamó para decirme que fuera por él al trabajo, le contesté que no se preocupara que yo iría por él a eso de la una de la mañana.

Silvia era hermana de Marco y Rodolfo su esposo, ellos junto a sus tres niñas, vinieron a casa a causa de Dios, y de nosotros que les ayudamos en todo para que se instalaran, y le cuidaba a sus niñas, para que ellos trabajaran. Así que las relaciones entre nosotros eran buenas, además Dios hizo muchos milagros en nuestro país con ellos, pues Rodolfo no tenía trabajo, el Señor lo sometió a ayuno y oración, le sanó a su hija de un temor que no dormía en su cuarto por la noche, algo siempre la despertaba, fue así que Dios rebeló que sacáramos una muñeca, que tiempo antes, alguien se la había regalado, ungimos el cuarto y todo acabó. Y recibió trabajo donde Dios le bendijo, no dejándole vender su camión si no que le pagaban por conducirlo y por el alquiler del mismo. Ellos decidieron venirse y por su puesto era maravilloso estar en familia.

Tanto ellos como yo, no entendíamos nada de lo que estaba pasando, un hombre tan consagrado y tan afable de Dios, su amor que profesó siempre para Dios y para mí, todo era increíble, al llegarse la una y quince de la madrugada, él abrió la puerta del auto, se sentó y no me dijo nada, la verdad que me temblaba todo, a dos cuadras de ahí le enfrenté, él solo bajó su mirada y me decía perdóname te fallé a tí y a los chicos, se que ellos no me perdonarán nunca.

Dime que quieres hacer, ¡ no lo se! contestó, regresamos a casa, y me dice tu le cuidarás el niño a Dunia, porque yo la voy a llevar a Chicago (una ciudad lejos de donde vivíamos), no podía creer lo que me estaba diciendo, así que oré a Dios ahí mismo, y sollocé, y lloró conmigo, solo repetía que le perdonara, por la mañana, tocaron la puerta y era el niño de ella, quería un frasco de hielo, me levanté para dárselo. No más de unos minutos, ella estaba adentro diciéndole a Marco que si me había dicho la verdad y que esperaba que si no la iba a llevar a Chicago. El no dijo nada, le repliqué que se marchara que mucho daño nos hizo ya, ella solo expresó que por eso odiaba a los cristianos, por que no se podía contar con ellos.

El resto del día fue amargo, aunque no le reclamé nada a él, se sentía culpable, siguió los últimos dos días llegando a las cinco de la mañana, no valía la pena decir nada, mientras estaba en casa vigilaba la puerta de ella por la ventana, oré una vez más, y el Señor me dio una palabra en: San Mateo:5- 44 - 46: "Pero yo os digo: Amad a vuestros enemigos, bendecid a los que os maldicen, haced bien a los que os aborrecen, y orad por los que os ultrajan y os persiguen; Para que seáis hijos de vuestro padre que está en los cielos, que hace salir su sol sobre malos y buenos, y que hace llover sobre justos e injustos. Porque si amáis a los que os aman, ¿Qué recompensa tendréis? ¿No hacen también lo mismo los publicanos?

Con esta palabra no me queda más que perdonarles a los dos, así que fue exactamente lo que decidí y me propuse delante de Dios, perdonarles. Sabía en mi corazón que todo se había arreglado, por lo tanto callé ante la situación. José me invitó a cenar, pues desde días a tras no comía lo suficiente, pues el dolor era más grande que el deseo de alimentarme.

Me fui al cuarto a llorar delante de Dios, más bien a gritar del dolor en el alma, y llamé a José para pedirle que fuéramos al banco, pues tenía una tarjeta de crédito por quinientos dólares, que estaba bajo nuestros nombres y la cuenta que ciertamente no tenía dinero, también necesitábamos que la Agencia de Autos, nos dijera que hacer en caso de la van. Ellos dijeron que me dejará la van y que no había problema después de todo lo que se necesitaba era pagarla.

Cuando salí del banco. Alex me llamó llorando que Marco regresó y se estaba llevando todas las cosas de la casa, (la televisión, el equipo, los juegos , la bicicleta, el VCR), y sacó las cosas de él, los chicos lloraban por las cosas que ellos usaban, y el dijo que ella los ocupaba, así que pasó todo de casa, para el apartamento de ella, donde se mudó.

Llore día, tras día, por diecisiete días, en ayuno y oración, clamé para que Dios me bendijera, me dijera que era lo que Dios quería que hiciera, ahora que ya él no estaba. El Señor, me preguntó: ¿Si yo confiaba en El? le dije que sí, siempre lo había hecho, entonces me contestó que juntos saldríamos de esto. Me puso a leer Isaías 41: 9 -10.

Me explicó a través de esta palabra como me trajo, "Porque te tomé de los confines de la tierra y de tierras lejanas te llamé, y te dije: Mi siervo eres tú; te escogí, y no te deseché". "No temas, porque yo estoy contigo; no desmayes, porque yo soy tu Dios que te esfuerzo; siempre te ayudaré, siempre te sustentaré con la diestra de mi justicia. Con esta palabra, me confirmaba que él me trajo, sus propósitos tubo, para que todo esto pasara, aunque está palabra me alentaba, aún me dolía perder al hombre con el cual Dios, me había sacado de mi país.

Muchas personas conocieron lo que estaba ocurriendo, y entre todas cinco familias que vivían cerca, en el mismo complejo de apartamentos le apoyaron para que se uniera a esa mujer. Pero en Isaías 41: 12 -13. "Buscarás a los que tienen contienda contigo, y no los hallarás, serán como nada, y como cosa que no es, aquellos que te hacen la guerra. Por que yo Jehová soy tu Dios, quien te sostiene de tu mano derecha, y te dice: No temas, yo te ayudo." Fue mi mayor consuelo, saber que Dios me estaba sosteniendo, esas cinco familias, se fueron el mismo día que Marco se marchó de casa. El dueño de los apartamentos preguntó por que esas cinco familias se movieron, mi Ingles no era tan bueno, para darle una explicación, pero yo si sabía, el por qué, el versículo doce ya me explicó.

De toda la Congregación, solo quedó José y Sonia, ellos me apoyaron en todo, para el resto de los hermanos el Pastor Andrés Veloz, les nombró un Pastor, porque Dios abrió las puertas y la Iglesia se colocó en un Templo Cristiano, donde persevera hasta hoy.

El Pastor Andrés Veloz, me visitó a los días de estar sola, y me dijo: "Hermana, la Biblia dice que el justo vive por fe, vamos a ver cuanto es su Justicia delante de Dios, para que usted siga viviendo aquí". No era fácil enfrentar una separación, con una hija adolescente y un niño de seis años, en un país lejano, sin familia, con una deuda de casi veinte mil dólares, sin hablar Inglés, sin documentos legales en este lugar, y en una silla de ruedas. Lo que tenía demasiado era la fe, el amor de Dios y un deseo inmenso de cumplir la voluntad de Dios, en medio de todas las pruebas. Conocía y creía que Dios siempre iba a estar ahí, para ayudarme.

BENDICION DE TRABAJO Y LUCHA DESDE LA SILLA DE RUEDAS.

En los días subsiguientes puse la aplicación en una tienda, la siguiente noche me soñé que hablaba con el encargado de la tienda, quedaba cerca de casa, y fui por la mañana, me hicieron la entrevista y me entregaron el trabajo, gracias a Dios ya tenía trabajo, entraba a las cuatro de la tarde y salía a las doce o una de la mañana, con ese sueldo podía pagar los gastos de mis hijos y el apartamento, por ello el carro que por obligación tenía una aseguradora con cobertura total, pero Dios me bendijo con el trabajo, era difícil cada día realizarlo, por estar en una silla de ruedas; sin embargo continuamos luchando, las obligaciones eran muchas y obtuve otro trabajo, por la mañana, así que mi labor era desde las seis de la mañana hasta las doce de la noche, y al llegar a casa encontraba muchas almas sentadas esperando para que orara por ellas, mi tiempo para el servicio se vio limitado y el tiempo para cuidar los chicos también, lloraba por las noches delante de Dios pues sabia que la enfermedad avanzaba cada día, y que con tanta deuda y obligación, no me podía sentar a contemplar el sufrimiento, si no que la fe tenía que estar por encima de todos los problemas.

Recibí en casa cualquier cantidad de almas, cada una de ellas trae una historia de dolor y dificultad económica, les ayudaba a conseguir trabajo, hacía todo lo posible para llevarles a su trabajo, para llenarles los documentos, pues en su mayoría no hablan Inglés, para sacar las identificaciones se debe manejar unas cuatro o cinco horas, donde están las Embajadas de cada país ya que estas personas no tienen pasaporte, por lo tanto en las diferentes Embajadas se los otorgan, probando que son originarios de su país. Me topé con mucha gente que al mirarme en la silla de ruedas o caminando tan despacio para subirme al carro,(por que en esta época caminaba unos cuantos pasos, pero el resto necesesito la silla), no podrían imaginar, que tanto podía hacer por ellos. Algunos se sentían avergonzados, pues con sus pies sanos y con toda una vida, tocaban la puerta buscando consuelo, y refugio, Dios para eso me trajo, aunque ni ellos, ni yo lo entendiéramos.

Muchos no han tocado un carro en su vida, para conducirlo, así que necesitan una persona que les instruya, al necesitar un apoyo para caminar y subirme en sus autos, ellos no tienen idea que tal les va a ir, pero hay dos factores muy importantes, primero la FE, llevarlos en oración, sean creyentes o no, y lo otro darles el valor necesario, que sientan que alguien, cree en ellos, además, si yo en silla de ruedas conduzco un auto y que es completamente normal, me refiero sin adaptación ninguna, como ellos; no lo van a lograr. Con eso aprovecho para darles testimonio y decirles que Dios es tan grande que nos ayuda a todos, lo que necesitamos es FE en Dios y deseo de realizar las cosas.

No solo se ayuda en trabajo, documentos, etc., si no que el soporte emocional es muy importante, en una oportunidad un varón llegó a pedirme que si le albergaba, mientras encontraba trabajo, ya que se había mudado de California a Canadá, y parece que allá no les fue bien a su esposa y a él. Por lo que regresó a conseguir un trabajo, le traté de ayudar, y él se fue a buscar a su esposa, cuando regresaron se quedaron acá por dos semanas, junto a sus niñas y un gato.

Gracias a Dios ellos tenían papeles legales, por lo que fue mas fácil conseguirles el empleo, los dos trabajando, ya era cómodo obtener un apartamento y mi vecina fue esplendida y nos prestó el dinero para el depósito del apartamento. Un año después se mudaron de nuevo a California hasta con auto nuevo, Dios les había bendecido.

CUANDO LOS TIEMPOS SON DIFICILES

Había pasado una separación dolorosa y trabajaba duro, y mi hija estaba en la adolescencia, y ella quería salir de todas las responsabilidades, el estudio y el cuidado de Josafatf, por lo tanto buscó convencerme de que la dejará irse a nuestro país y que ella en dos meses regresaría, y todo iba a ser diferente, solo que en este tiempo, me quedaba sola con mi pequeño buscándole donde lo cuidarán, saliendo a esas horas del trabajo, por supuesto que el estaría durmiendo, por mi situación física era imposible cargarle, oré por la noche para que Dios me diera esa solución, solo me indicó que llamara a mi madre, y que le preguntará por una prima, que ella me había ayudado mucho en mi país, por lo que lo hice inmediatamente, y mi madre se encargó de encontrarla, por la siguiente semana, ya ella estaba acá, contándome que, se sometió a un ayuno y oración para que Dios le permitiera venirse y que yo le ayudará. Dios contestó las oraciones, un mes después.

Ya con Lucy acá las cosas eran más fáciles, de alguna manera ella me acompañaba y me cuidaba a Josa, como se le dice cariñosamente. Pero los tiempos seguían difíciles, pues comenzó el invierno y la nieve es cada vez más, conforme avanzan los meses invernarles, y Lucy trabaja en una Universidad por la noche y yo también, solo que Dios acomodo las cosas a su manera.

Trabajaba en la silla de ruedas en esa tienda, mi trabajo era recibir las personas y orientarlas si necesitaban localizar algo de la tienda, después de eso acomodaba los diferentes productos en la parte de electrónica en las horas restantes; a solas mientras terminaba mi trabajo, vino el Señor para decirme con una voz muy triste, pero fuerte ¿ "Tú sabes que es ser fuerte y valiente? tu crees que es levantarte, trabajar, mantener y cuidar a tus hijos, Yo te voy a enseñar a ser fuerte y valiente". Porque ser fuerte y valiente es: Enfrentar y superar los problemas en mí nombre.

No tenía, ni idea de el por qué el Señor me dijo eso, pero en la forma que me lo dijo me preocupó, una semana después, ellos me despidieron de mi trabajo, a causa de los papeles, sin trabajo y con una deuda del carro que pagar, apartamento, gas, luz, teléfono y demás, quería llorar, pero me fui a su presencia, delante de Dios, que me ayudará, mi sobrino tenía el tiquete comprado para viajar a nuestro país y al verme sin trabajo decidió retrazarlo, para que viajará, con él, solo que necesitaba el permiso que Dios me lo otorgara, oré una y otra vez, y no hubo nada de respuesta, al final de la semana, me contestó: "Si yo hubiera querido que te fueras hace mucho tiempo estuvieras allá, y si ahora quisiera que te fueras ya todo estuviera recogido".

Por lo tanto me quedé para enfrentar los problemas y superarlos, en su Nombre, con la única confianza que tenía en el Señor. Oré para pedirle la dirección al Señor que me dijera, exactamente que era lo siguiente, pues mi carro aun necesitaba pagarse y renta etc. Era solo pensar como pagar todo ya que no tendría un cheque que esperar por mes. Estaba sola, con mi hijo nada más y una dependencia absoluta de Dios.

Como mi trabajo ya lo sabía desde el principio, y lo desempeñé con esmero, y dedicación, pero nunca dependí directamente de Dios y del servicio que él me trajo hacer, porque al principio, los dos primeros años Marco aportó todo y yo el servicio al Señor, y después mi trabajo de dos años, en la tienda soportaron todas las deudas, pero sola y sin trabajo, con una situación física difícil, con una deuda de doce mil quinientos dólares del carro, más los gastos cotidianos de casa he un hijo. Era de sentarse a llorar; si Dios no me hubiera dado esa fe para sostenerme. Gracias a Dios por su amor y comprensión.

Mi sobrino se marchó, le fui a dejar al aeropuerto, me abrazó, lloró, él sabía que no era fácil, cuando el tiempo de nieve las calles están congeladas y la dificultad de caminar y manejar aumentaban, por lo tanto solo buscaba aumentar la fe; "Jesús le dijo: Si puedes creer, al que cree todo le es posible". Marcos 9-23. Aunque sabemos que Jesús es el autor y consumidor de la FE, El es quién la da y la va aumentando cada día. Las pruebas y problemas diarios nos demuestran que Jehová Dios, nunca nos ha abandonado, que pase lo que pase, somos más que vencedores por medio de aquel que nos amó. Romanos 8:37

Oraba una tarde, pues las dificultades eran muchas, quería encontrar esa paz que sobre pasa todo entendimiento, pues el Señor tenía días de que no me hablaba, así que me fui a su presencia, clamé y gracias a su amor y misericordia respondió. Sabemos que muchas veces clamamos y no encontramos respuesta, pero solo hay que darle un poco de tiempo, porque mientras él calla, es por que está trabajando sobre lo que le expusimos. El apartamento es de dos cuartos y mi labor no solo consistía en traducciones, busca de trabajo, orar por diversas necesidades, o asistirles con sus problemas, si no que cada persona que tocó esta puerta llegó sin nada, dinero, trabajo, fe, lo básico para cada día, por ello aunque no poseía dinero, o trabajo siempre Dios proveyó todo para compartirlo con el que necesitaba.

Una vez que tenían trabajo, que ya con ayuda de Dios obtenían todo lo básico, se despedían y no les volvía a ver, muchas personas se molestaban, ya que conocen mi labor, pero Dios me hizo entender que era necesario que estas personas se movieran cuando ya eran pajaritos con plumas, ellos tendrían un nuevo nido, porque el que dejaban estaba listo para ubicar a los nuevos que venían. Así albergué en casa a todos los que el Señor envió.

El Señor me confortó cada día para poder ayudar a todos, uno de los problemas más grandes es que el aspecto moral y emocional de cada persona es diferente, pero verdaderamente importante, porque vienen de todos los países, casi todos sin un documento y con obligaciones económicas que pesan en el alma. En tiempo de nieve la mayoría se quieren regresar a sus lugares de origen, pues es natural, allá está la familia, es tiempo de navidad, pero las deudas no los dejan, es cuando viene la depresión, y asaltan todas las dudas, es ahí donde Dios me ha usado para demostrarles que ellos están sanos, no tienen un problema físico, y con la ayuda de Dios llegan a su trabajo, por lo tanto son afortunados, las persona que tienen sus pies y pueden usarlos, tienen una fortuna extraordinaria, y si Dios me ha dado esa fortaleza para pasar tantos años acá, en mi situación, como ellos no lo van a lograr, la FE me ha dado esa puerta, así que a ellos mucho más les puede dar.

Creí que lo había pasado todo pero no era así; en medio de la oración el Señor me mandó a que recogiera todo de casa, lo que no ocupaba y lo pusiera en una caja para enviarlo a mi país, pensé ¡Wow!, Dios me va a mover de acá, de seguro a otra parte. El Señor continuó, quiero preguntarte ¿Sabes por que le permití a Pedro caminar sobre el agua? Mateo 14: 28-33;

²⁸ Entonces le respondió Pedro, y dijo: Señor, si eres tú, manda que yo vaya a ti sobre las aguas. ²⁹ Y él dijo: Ven. Y descendiendo Pedro de la barca, andaba sobre las aguas para ir a Jesús. ³⁰ Pero al ver el fuerte viento, tuvo miedo; y comenzando a hundirse, dio voces, diciendo: ¡Señor, sálvame! ³¹ Al momento Jesús, extendiendo la mano, asió de él, y le dijo: ¡Hombre de poca fe! ¿Por qué dudaste? ³² Y cuando ellos subieron en la barca, se calmó el viento. ³³ Entonces los que estaban en la barca vinieron y le adoraron, diciendo: Verdaderamente eres Hijo de Dios.

Para que él viera que Yo soy un Dios real, a causa de las pruebas que él iba a enfrentar, y que no se le olvidara que si camino sobre el mar, también caminaría sobre todas las pruebas y problemas que iba a enfrentar. Por lo tanto a mi me había pasado por tanto en este país, lejos de mi tierra y de mi parentela, y si El me había sostenido y suplido todo, y en todo, también podría decir que El era un Dios real, para mí. Me asustaba porque eso significaba que vendrían más problemas.

Comenzaba de una vez, a listar esa caja. No tenía dinero para enviar esa caja, que costaba más o menos unos doscientos dólares, recogí todo lo que pensé que podría enviar. Faltaban tres días para que el carro se llevara la caja, y yo no tenía el dinero, por lo tanto oré, esa tarde un hermano llegó y me dio cien dólares, solo pensé oh faltan los otros cien, paso el tiempo y llegó el día, eran las nueve de la mañana y la caja la recogían a las diez, por lo que me preocupé tanto, ¿Cómo le hago?, no tengo los otros cien dólares. Cuando llegó un carro negro que era un hermano que hacía mucho no lo veía, me trajo un sobre, me lo entregó y se marchó, dentro del sobre había una tarjeta que decía, con amor de Michael y Abril, este diezmo es para ti, con bendición, exactamente eran los cien dólares que necesitaba, al terminar de leer la nota, llegó el camión a llevarse la caja.

VISITA DE MI MADRE

Hablé con mis padres, y ella me dijo que estaba muy mal de salud que sus rodillas tenían un dolor insoportable, que de seguro que jamás podría visitarme, este lugar es extremadamente caliente o extremadamente frío dependiendo de la época del año. Oré a Dios y el me dijo: "Dile a tu madre que un día ella con esos mismos pies caminará en este lugar". Pasó exactamente un año y Dios me envió un ángel que me bendijo mucho con su presencia, y de hecho, que él le regalo el tiquete a mi madre para que viniera a visitarme, fue una emoción tremenda, pues ya habían pasado cinco años, sin verla. Ella vino con la prima Gladis, Dios proveyó para llevarla a New York, mi madre no podría creer que estuviera en ese lugar, en las ruinas de las Torres Gemelas. Dios cumple su palabra. Creí que pronto le vería de nuevo, pero han pasado ya dos años y aun Dios no me ha permitido ir a verlos.

LA SOLEDAD TOCA A LA PUERTA

Una mañana el Cónsul de Costa Rica en Chicago, me llamó para decirme que había un hombre que estaba refugiado en la Iglesia Católica en Detroit y que necesitaba ayuda, y que si se la podría dar. Llamé al número que me dio y nos contactamos, se vino pero era una persona con problemas mentales, le conseguimos tres trabajos e hizo el dinero, compró lo necesario, un joven en esos días había rentado el cuarto, así que los invité a visitar la Iglesia, nos fuimos por la tarde, al regresar, encontramos una bandeja de arroz en salsa de tomate, en la puerta; mi vecina es Mexicana, ellos suelen hacer el arroz de esa manera, y me ofreció que me traería uno pronto. Con todo gusto le calentamos. Me pensé que era ella quién me la trajo y como no estaba me la dejo allí.

Dos horas más tarde, estos dos varones tenían sus maletas listas, sin avisar se estaban marchando, les pregunté ¿Por qué? Solo me dijeron que ellos necesitaban irse. Me quedé a solas, con mi pequeño,!Wow ! era invierno, afuera la nieve caía muchísimo, y dentro de mi alma también, por que estaba pronto llegar navidad, y no quería pasarla sola. Ore a Dios, no dijo nada, el frio que estaba afuera lo tenía en mi alma, clamé una y otra vez, hasta que pensé: "Dios, creo que es un anuncio, para que me valla. Pregunte otra vez, no hubo respuesta.

Me senté frente al computador, para buscar los boletos aéreos, para mi hijo y para mí, me sentía, sin fuerzas, todo a mi alrededor estaba triste, y lo peor era la soledad, extrañamente las personas no venían a buscar ayuda. Oré, clamé y Dios permanecía callado. Habían pasado dos semanas, así que la tía Marina, una mujer de Fe y oración, que me acompañó muchas veces en las diversas pruebas, me llamó, le conté que estaba pasando y que estaba desesperada, por que Dios no respondía. Ella clamó conmigo a eso de la una de la mañana. Me repitió que confiará y que Dios ya había reprendido toda brujería y hechicería, que lo tomé de aquel arroz, y que eso era lo que hizo que los varones se fueran y que de seguro, era para que yo también lo hiciera. Solo que la Palabra dice: Marcos 16-18 "Tomarán en las manos serpientes y sí bebieren cosa mortífera, no les hará daño." Creó en la Palabra de Dios y se que aunque me golpeó el ataque Dios supo librarme de ello. Le ordenamos en el nombre de Jesucristo a quién puso eso en la puerta que lo recibiera, pero que Dios tuviera misericordia de quién lo hizo, dos días después mi vecina se marchó.

A eso de las cuatro de la tarde, un amigo de mi compañera de la escuela de Inglés, llamó para indicarme que dos jóvenes necesitaban donde rentar y que no tenían trabajo, que por cierto ya no era nuevo para mí, ellos llegaron, con gusto les brindé mi casa, ya no tendría esa soledad, y además ellos me apoyarían, tanto como yo a ellos, Dios proveyó trabajo y fuerzas para llevarles y traerles, pues con esa nieve se torna un tanto difícil acomodarse, fueron una gran bendición en mi vida. Ellos se turnaron para ayudarme y a la vez poder salir adelante con sus propias cosas, son ángeles que Dios envió después de pasar esa prueba.

VISITANDO LAS CARCELES

Dormía una noche, cuando sonó el teléfono, era una voz de mujer que entre sollozos trataba de explicarme algo, no tenía ni la menor idea de quién era, pero como estaba, mejor oré a Dios para que le diera, paz y que pudiera explicarme que pasaba.

Ella me explicó que su hijo, lo había traído de su país, pero que no sabía donde estaba, que alguien le dio mi número y que por favor le ayudará. Entonces le pregunté esto: ¿Dónde estaba su hijo la última vez? ¿Qué supo de él? en Michigan, dijo ella. ¡Bien!, es donde yo vivo, y usted ¿Dónde está? a doce horas de usted, me contestó ella.!Bien! Deje que amanezca y trataré de ayudarle, confié en Dios, que de alguna manera aparecerá. Por la mañana llamé a muchas partes y al fin, Migración me indicó que lo detuvieron, que estaba en una cárcel del Condado. Pero que lo trasladarían a otra cárcel que queda a casi dos horas de mi casa.

Le llame a ella y le expliqué, ella me pidió que si podría visitarle, ya que ella no tiene papeles legales, además estaba lejos. Con gusto, el otro día salí temprano, estas cárceles tienen un horario de visitas entre las siete y dos de la tarde, dependiendo de la primera letra del apellido es el día que se pueden ver. Era lunes, su apellido comenzaba con A, por lo tanto no había problema para ir. El joven salió, nunca pensó que le visitaría, le expliqué que su madre me envió, se alegró mucho, dijo que le trataban bien, pero que quería salir de ahí. Después de esto se comenzó la lucha para que la deportación, fuera lo más antes posible. Su madre continuó llamándome para pedir oración, no he tenido el placer de conocerla.

LA JOVEN MARIA

Oraba y ayunaba por diversas causas, cuando una señora
llamó, me explicó que su hija la detuvo la policía y que
necesitaba que le ayudara a encontrar la solución, para ella.
No sabía en que cárcel estaba, después de muchas llamadas
la encontré, la visité para verla, Dios, era una joven que
me hizo recordar a mi hija, su delito era no tener papeles
en este país, aunque tuviera sueños y aspiraciones, aquí,
hay dos limitaciones muy grandes el idioma, y la falta de
documentos legales, sin ello, realmente se necesita de alguien
que extienda una mano. Como es el amor de Dios que me
dio ese privilegio y me trajo a esta tierra para que lo hiciera,
solo su misericordia es grande y por siempre.

La visité por segunda vez, cuando me vio lloró, me
comentó que ella estaba segura que iría a verla, que desde
las cinco de la mañana, ella se alistó, que el resto de las
reclusas, le dijeron que no irían a visitarla, ella les dijo que
la señora en silla de ruedas iría, y ellas le contestaron; sobre
todo ¿En silla de ruedas vendrá?. Dios es el motor de todo,
fue un consuelo hablar con el oficial y confirmar que pronto
la deportarían, por que como quiera que sea es mejor pobre,
pero en la tierra que le vio nacer.

Sin duda, lo más doloroso en todo esto es que uno solo puede limitarse a orar y a confiar en el Señor, sin poder ayudar a mitigar lo que los corazones sienten, pero gracias a esa oración y la gracia de Jesucristo, su amor y misericordia, podemos creer y estar seguros que jamás nos dejará. Fue el caso de una anciana que a su hijo quien era un eminente abogado, candidato a ser juez, le acusaron injustamente de un delito que no cometió, Dios le dio una promesa a esta anciana, que si confiaba en El, que no se apartará ni a diestra, ni a siniestra, el Señor un día le sacaría de la cárcel. Siempre que hablaba con ella, me decía que las audiencias y recursos de amparo, no prosperaban, pero que ella mantenía la Fe, que Dios lo sacaría de ahí, que esos Jueces eran hombres y no Dios. Admiraba tanta Fe. Pasaron siete años, una noche la tía Marina, llegó del trabajo, y me levantó para que oráramos, por que este hombre tendría una audiencia ese otro día, que dependía de eso para su liberación. Clamamos a Dios, y el Señor, refirió una palabra en Isaías: 51: 14 -15. El preso no estará más en la mazmorra, y ese otro día, el quedó libre, hoy, por hoy este hombre se convirtió a Cristo, él y su madre son fieles hermanos en Cristo Jesús. La Gloria es del Señor.

VISITANDO A SERGIO

Era tarde del día martes cuando Luis tocó a mi puerta para pedirme ayuda, pues su cuñado estaba preso desde el domingo, por manejar sin licencia, recién se había mudado de estado, y tomó un carro que no era de él, y como estaba en estado de embriaguez, la policía lo detuvo. La multa no era muy elevada, pero no se pagó el mismo día para el martes ya lo tenían en la cárcel de Migración debido a que el lunes entre las tres y siete de la noche Migración pasa por todas las cárceles chequeando quién tiene papeles o no.

Investigué que se podía hacer y ese otro día llevé a su cuñada a la cárcel para que lo visitará, me dolió tanto mirar como lo trajeron esposado, con cadenas y ella entro a hablar con él, hay una pared de vidrio con un teléfono para comunicarse, un mes después lo deportaron.

DIOS CUIDA DE NUESTROS INTERESES

La obra de Dios es difícil de entender muchas veces, tan siquiera podemos pensar que El cuida de nuestros intereses, en la noche al acostarme oré, y el Señor me pidió que llamará a mi hermana para que le dijera "Que ella le debía el diezmo", y que me pagará el dinero que ella me debía, que me lo pagará, porque si no El quitaría su mano para bendecidla"; era la una de la mañana, no entendía nada, pues mi hermana no me debía ningún dinero, que yo supiera.

Así que le llamé y le expliqué lo que el Señor me dijo, ella enmudeció por un momento y contestó que no tenía dinero para pagar el diezmo, y que era cierto, ella me debía el dinero por que tiempo antes vendió la fábrica de Condimentos; y el dinero ella lo ocupó para pagar sus deudas. No sabía eso, me quede fría con está respuesta, sin embargo, no estaba necesitando ese dinero, pues no me preocupe por ello.

El hijo de ella vivía en está ciudad, y trabajaba doble turno para enviarle el dinero a ella. Una semana después mi sobrino quedó sin trabajo, y pasaron dos meses, y no encontró nada, el llegó llorando y me pidió oración, para saber el por qué no encontró trabajo, el Señor solo explicó "He quitado mi mano para bendecid". Lloramos amargamente y nos sometimos a un ayuno de tres días para que Dios perdonara, y le bendijera, a él con trabajo y así a ella, por medio de mi sobrino.

Dios tubo compasión y le dio trabajo, dos días más tarde, pero no lo dejó mucho tiempo y lo movió a su tierra y su parentela. Cuatro años más tarde ella me pagó el dinero, y de verdad que cuando me lo envió yo realmente lo necesitaba. Dios cuida de nuestros intereses, aun cuando ni cuenta nos demos que pasa con ellos.

Los tiempos cambian y Dios vela de tal manera que no nos falte nada, con el servicio al Señor, a tiempo completo no podía trabajar en lo secular, así que la única entrada que tenía, era lo que las personas a las cuales ayudaba, aportaran algo, por lo que Jesucristo me enseñó a realizar un presupuesto mensual, para los gastos incluyendo todo lo que se necesitaba, a mediados de mes lo realizó en un trozo de papel y lo introduzca en la Biblia, orando por ello y presentándose al Señor.

El presupuesto era de una cantidad que alcanzaría para cubrir todos los gastos, pero el carro se daño, y necesitaba arreglarlo por que ese carro es importante para realizar la obra, por lo que tomé dinero del presupuesto y al terminar el mes, como fue lógico el dinero no alcanzó, oré y le pregunté al Señor que hacía, pues se quedaron algunas cuentas sin cubrir, me dijo - "No te alcanzó, ¿por qué no lo pusiste en el presupuesto?". Me quedé observando que de verdad; El es un Dios de orden, y lo que tu le pides El te lo va a dar.

La palabra dice: San Juan: 15-7 "Si permanecéis en mí, y mis palabras permanecen en vosotros, pedid todo lo que queréis, y os será hecho." Por lo tanto todo lo que pidamos El nos lo dará, en el Nombre de Jesucristo, y creyendo, San Mateo 21:22 "Y todo lo que pidiereis en oración, creyendo, lo recibiréis.

PROMESA DE OBTENER
DOCUMENTOS EN ESTE PAIS

En este país, si no tienes los documentos para trabajar, se torna aun más difícil, cuanto más con un problema físico, orando a Dios me coloqué en una tienda, donde atendía el público y que prueba pues todo el mundo solamente hablaba Ingles, ¡que duro!, y ellos pensaban que si trabajaba ahí también lo hacia. Por lo que le rogaba a Dios que me ayudará a entender ese idioma, y realizar lo que me correspondía. Por dos años ellos me atendieron maravillosamente y me sentí realmente bendecida por el Señor. Ahí tenía más oportunidad para ayudar a diferentes personas, porque muchos llegaban en busca de trabajo y conocía a importantes personajes que tenían cargos en diversos lugares, eso me ayudó para poder servir de conecte entre ellos. Esa noche estaba trabajando, el Señor me dijo en un tono que me preocupo, ¿sabes que es ser fuerte y valiente?.Dios explicó lo que es ser fuerte y valiente es enfrentar y superar los problemas en mi nombre. y ocho días después me despidieron del trabajo porque no tenía papeles, oré a Dios por que pensaba devolverme a mi país, solo que a El no le pareció, y solo preguntó que si confiaba en él, el Señor me prometió darme los papeles en este lugar, como lo haría, ni idea. El Presidente antes de entregar su mandato, dejó una ley, que todos los inmigrantes, que hubieran entrado legales o ilegales acá, podían solicitar los papeles, si reunían ciertos requisitos.

Clamor, ayuno, oración, suplica fue día a día para que Dios hiciera, el milagro en recoger todo lo que se ocupaba para obtener esos documentos. A Dios le interesaba dármelos porque era la única forma de poder ayudar a muchos. Cuando están en las cárceles y no tienes documentos, aunque quieras no puedes visitarles, tramitarles u ofrecerles ayuda. Así que gracias a Dios que fue posible, nada es fácil y todo es fuerzo tiene recompensa, por fin después de casi cuatro años, nos llegó la Residencia Permanente, cuando visité al abogado, no lo podía creer, que fuera una bendición tan grande.

Tener la Residencia en este país, tiene un valor incalculable, pues como dice la Palabra de Dios, debemos respetar las leyes establecidas, una de las bendiciones más grandes es poder visitar mi familia y saber que se puede entrar y salir sin impedimento. He conocido personas que tienen años de estar acá, sin poder salir, por que si se van; no es nada seguro que puedan regresar.

Dios planeó dame los documentos legales, ya que debido a la Distrofia Muscular, es difícil trabajar en lo secular, y en este país lo más caro son las medicinas, o que un Médico te valore. Gracias a Dios ahora me tienen en terapias, y me han dado diversos utensilios que hacen la vida un poco más fácil. Aunque se que Dios me levantará de está silla, es su promesa y yo se la creo.

Desde una silla de ruedas para servirle a Dios, permitió que me siente ahí, con el propósito de mostrar su amor y misericordia, hacia otros, el valor y la fe para enfrentar cada día solo pueden venir de ese Dios tan grande y maravilloso, que no hace acepción de personas.

Cuando Dios determina darte algo, nada te lo quitará, porque le dijo a Pedro, Mateo 16:18 "Y yo también te digo, que tú eres Pedro, y sobre esta roca edificaré mi iglesia; y las puertas del Hades no prevalecerán contra ella. Fue lo que Jesucristro le prometió a la Iglesia, y si somos parte de la Iglesia también, venceremos. El Señor quiere de ti un corazón dispuesto, para cruzar los obstáculos que Satanás te ponga en el camino, y muchas veces somos nosotros quienes nos ponemos esos obstáculos, nos aferramos a ellos. Por eso, conocer la voluntad de Dios es maravilloso, pero más poder realizarla, he conocido a muchos que Dios le revela su voluntad y ellos no quieren obedecerla o no pueden, (debido a las circunstancias en las que están viviendo, creo que todos tenemos, dificultades, sin embargo buscando a Dios, creyendo en su palabra, aceptando a Cristo Jesús en el corazón, todo es posible), cuando lo que el Señor les refirió se cumple. El dolor y la frustración son mayores. Ezequiel 33: 31-33: Da un ejemplo claro de esto, "Y vendrán a ti como viene el pueblo, y estarán delante de ti como pueblo mío, y oirán tus palabras, y no las pondrán por obra; antes hacen halagos con sus bocas, y el corazón de ellos anda en pos de su avaricia.

Y he aquí que tú eres a ellos como cantor de amores, hermoso de voz y que canta bien; y oirán tus palabras, pero no las pondrán por obra.

Pero cuando ello viniere (y viene ya), sabrán que hubo profeta entre ellos."

CARTA A MI HERMANO

Por años no he visto a mi hermano, una noche el Señor me despertó para que escribiera una carta para él:

En medio del amor y misericordia sabes que a pesar de las pruebas, siempre habrá una puerta que es la salida. No se te olvide que yo soy tu Dios y que tu vida está en mis manos y que he hecho las cosas bajo mi voluntad, cuantas veces antes te dije, te lo digo hoy; son tres partes importantes y especiales: Fe - amor - misericordia.

FE: Sin la cual no se puede acercar a Dios, pues la palabra dice: "Que él que se acerca a Dios debe creer que le ahí y que es galardonador de quién lo busca. Hebreos 11:06

AMOR: "De tal manera amo Dios al mundo que mando a su hijo unigénito para que todo aquel que en El crea no se pierda". Sabes para que aquel que crea y reconozca que Dios es Dios y que el Amor es tan grande que no lo dejará jamás, ni antes de conocerlo mucho menos cuando le conocen.

MISERICORDIA: Es hecha para todos está sobre la faz de la tierra y es la que hace posible que tu vivas y tu nombre este inscrito en el Libro de la Vida; Apocalipsis: 20 -11-15

Dentro de muchos tiempos veras una cosa en tu cosa que tu corazón a anhelado y yo Jehová estaré ahí siempre para darte bendición, pero debes ser Fuerte y Valiente. Porque vendrán muchas pruebas y dificultades, pero sabrás que Jehová nunca te dejará ni te desamparará.

No se te olvide que nunca es tan difícil estar bien como hoy, pero el tiempo es bueno y el amor aceptó; y no hay que abandonar lo que tienes y lo que te he dado, no se olvide esto, esfuérzate y seas valiente y Yo te amo.

He visto que esto se cumplido palabra por palabra, en la vida de él y de su familia. El compró una tierra y hipotecó lo que tenía, a partir de eso su sufrimiento fue mayor, porque los pagos eran muchos y la tierra que compró no le daba lo suficiente mediante la fe- amor- misericordia Dios lo ha bendecido para que pase este tiempo de prueba. Hoy esta libre de deudas y prosperado en Cristo Jesus.

PECADOS PERDONADOS RESPONSABILIDAD DE CONSECUENCIAS

Cuando Dios da las bendiciones no añade con ello tristeza..... Proverbios 10: 22 . La Biblia la explica, muchas cosas en nuestras vidas traen tristeza, porque no son dadas en la Perfecta Voluntad de Dios, infinidades de veces nosotros deseamos algo, y lo tomamos sin preguntar si será la voluntad de Dios, o si aquello nos traerá bendición, tampoco pensamos en las consecuencias de nuestras acciones.

He actuado de buena fe, sería una excusa perfecta, solo quise que esto fuera mejor, no imaginé lo que pasaría, cuando las cosas no salen como las deseamos, o como las planeamos, y lo que obtuvimos fue un gran fracaso que restaurar lo que hicimos es casi imposible o de hecho incorregible. Sabemos que Dios es un Dios perdonador y que jamás nos dejará, Dios perdona el pecado, pero las consecuencias de nuestras acciones las tenemos que enfrentar.

Predicaba, sobre esto y exponía un ejemplo, una jovencita se embaraza, soltera, Dios le perdona, pues ella se arrepintió de su pecado, pero el bebé nace, sin padre y en una situación difícil, esto es consecuencia que no se puede evitar.

Tuvimos una experiencia muy grande con un hombre que visitó nuestra casa, él vino a pedir oración, lucia cansado, con una tristeza profunda, le expusimos el mensaje de Salvación, y el aceptó a Cristo, renunció a toda potestad de Satanás.

El Señor me reveló que el había intentado suicidarse muchas veces, y que él tenía una niña de unos cinco años, que era su mayor sufrimiento, ya que él se separó de la madre de esa niña tiempo atrás, por lo tanto comenzamos a orar, y el Señor me indicó que el se quitara su jacket (abrigo) y el suéter, se sentó cómodamente, clamamos delante de Dios, le ordenamos a todas las influencias demoníacas en la vida de él. Los demonios le influenciaron a tal grado que traía arrastres desde la cuarta generación, ese hombre se calló al piso, vomitó, y lloró amargamente, al caer al piso quedó como muerto.

Oramos por espacio de tres horas y media, cuando estábamos terminando; creí que ya no tenía ninguna presencia extraña, solo pregunté Dios revélame si aún tiene algo más. Brincaban partes de su cuerpo, continuamos clamando y reprendimos una vez mas todo en el nombre de Jesucristo. Lo que el Señor fue revelando, una hermana llegó como mandada del cielo, pues ya estábamos cansados, ella nos ayudo, hasta que Dios le libertó de todo, su cuerpo estaba tan débil, que no pudo levantarse, así que un hermano le tomó para acostarlo en el sillón, le dimos una Biblia y le explicamos como leerla, y que necesitaba una Iglesia donde congregarse.

Tiempo después, llegaría con su ex mujer y sus hijos, vinieron a pedir oración, pues ella tenía muchos problemas, me impactó ver tanto bebe, ellos tenían dos niños una de cinco y un varón de ocho, ella procreó tres más con otro varón, un bebe de dos años y un par de gemelitos hermosos de seis meses.

Clamamos a Dios por ella y por sus hijos, pero saben me impresionó esa joven mujer, que valiente, con cinco niños en este país, que pagar tanto por renta, comida, quien cuide a esos niños, ¡ Dios! trabajaba demasiado para lograr salir adelante, y además lidiar con un hombre que la había maltratado, pero Dios llegó a tiempo para que está pareja, tengan un poco de entendimiento, por el bien de tantas criaturas, que se crecen en un mundo hostil y contradictor.

Estoy segura que Cristo Jesús le perdonó todos los pecados a esta pareja, pero las consecuencias las tenían que enfrentar, por el maltrato que él le dio, ella lo dejó y buscó otra relación, ahora Dios le libertó, pero ella regresaba con tres niños más; solo Dios podrá acomodar está situación, para que estos niños tengan un ambiente bendecido para vivir. Donde lo primero que debe reinar es Jesucristo en la vida de ellos.

VISITA DEL SEÑOR DANDO SANIDAD Y FORTALEZA ESPIRITUAL

Durante casi ocho años viví en una ciudad de Michigan EE UU, sirviéndole a Dios y a todos los que Dios me puso en el camino, por fin me llegó la residencia permanente en este país, junto a mi hijo, gracias a Dios que por fin podría salir y entrar a acá sin problemas, una noche, una hermana que se estaba divorciando, enfrentaba dificultades y temores por la separación, frecuentaba venir a orar, para que Dios le ayudará.

Esa noche en particular, tubo algo muy especial, el Señor le explicó a ella lo que acontecería en su divorcio, y le alentó a no perder la fe. Como el Señor le habló a ella, brevemente, le pregunté que si me permitía ir a mi país para la navidad, ya que tenía la residencia, pero no significaba que me podría ir cuando yo quisiera, necesita el permiso de El, y la bendición, sin la cual no me iría. Además necesitaba el dinero para el viaje, lo cual no tenía.

Puedo decir que aquello era lo más maravilloso que Dios me mostró, me llevó a un lugar donde había una copa con un manto blanco, con bordes de oro, mientras miraba aquello, El me dijo que iba a trabajar en mí, mientras lo alababa y lo glorificaba, el dolor era menos, en los músculos, pero mientras callaba, el dolor era más intenso. Lloré en su presencia. No me sentía digna de ver y sentir tanto gozo a la vez, las cosas espirituales son inexplicables muchas veces. Como sentir gozo y dolor a la vez.

El Señor, llenó mi alma, y me indicó que me pasará al cuarto, mi prima y Luisa estaban acá, ellos se preocuparon, pero me pasaron a la cama y la puerta se cerró, no pudieron abrirla mas, hasta la mañana siguiente, mientras que miraba al Señor pasándose, por todo el cuarto, me mostró otra vez el manto con bordes de oro; y me dijo "Que abriera la puerta", yo le dije que mis manos eran pecadoras y mis labios inmundos, que no podría abrirla, El mando al ángel mas grande y me quemó con un carbón encendido los labios, incluyendo mi lengua, se restregó sus manos, y la sangre brotó, me paso sus manos, por mis manos y me dijo, "ya yo te limpié", abrí la puerta, había un salón muy grande con un atrio, que era como el altar de la Iglesia, tenía una Biblia muy grande con letras de oro, y él busco en esa Biblia una palabra que me leyó. 1 Corintios 2; 14.

"Pero el hombre natural no percibe las cosas que son del Espíritu de Dios, por que para él son locura, y no las puede entender, porque se han de discernir espiritualmente".

Continuó hablando "¿ Sabes por qué muchas personas se han acercado a buscarme y se van como llegan?, Me mostró a mucha gente frente al altar levantando sus manos y orando, pero regresan a sus casas igual, como cuando se acercaron al altar, "Porque ellos no tienen fe. Sin fe es imposible agradar a Dios".Hebreos 11; 6. "Pero sin fe es imposible agradar a Dios; porque es necesario que el que se acerca a Dios crea que le hay, y que es galardonador de los que le buscan". Donde hay fe, me muevo libremente.

Dos pares de zapatos estaban al lado de la puerta, me indicó, que cual quería, un par era rosado (de bailarina), y el otro era de tacón alto, (por la Distrofia Muscular no puedo usar tacones, pero siempre me gustaron) escogí los de tacón, podía danzar libre, me gocé, me reí de gozo.

Habían mas seres ahí, dentro del cuarto, no puedo precisar como y quienes eran, pero si miré a dos Ángeles, uno más grande que el otro, con sus alas emblanquecidas, mis músculos dolían incluyendo hasta las uñas, cuando alguien dijo, aquí está el problema, el problema está en la cadera, y hay que dormirla (anesteciarla) porque si no, no soportaría, El se acercó y metió su mano en mi estomago, al lado derecho y me dijo "Tu eres mi barro y yo tu alfarero", me dolió, pero lo resistí, me mostró en un espejo mi ojo derecho y metió su dedo, la molestia que por mucho tiempo tuve se quitó de una vez, ya que para leer necesitaba lentes, mi ojo lloraba mucho.

Ellos me pusieron una mascarilla, semejante al oxígeno, y me envolvió en una luz blanca azulada y me dormí, no se que hora era, pues todo comenzó a eso de las once de la noche, cuando desperté eran las cuatro y quince de la mañana, tenía muchísima sed, busqué como llamar a mi prima, pero llamé varias veces, no encontré respuesta, por lo que intenté marcar el teléfono que estaba junto a la cama, para llamar al celular, pero el teléfono nunca me dio tono. Cuando miré hacia la puerta, mire al Señor que movió su cabeza, indicando que no, le dije: "Tengo mucha sed ", por favor quiero agua, del lado izquierdo salió el ángel más pequeño, con una cubeta de madera y un bolillo, era un liquido parecido a la miel, que me puso en mi boca, la cual chupe varias veces, no era muy dulce, pero tampoco era exactamente miel, pero era amargo en mi estomago. Lo tomé y me quitó la sed. Me explicó "Que por tres días, no podría comer carnes rojas y que tenía que guardar reposo".

Me volví a dormir y pude llamarlos a ellos a las siete y quince de la mañana.

La prima Gladis vino de mi país a visitarme, teníamos tiempo de no vernos y ella quería visitar a mi hija, quien vivía en New Jersy, a doce horas de casa, y el viaje se planeó, cuando ella vino, solo que nadie sabia que era para un día después de la operación que Dios me realizó. Por la tarde estaba con muestras de sangre cuando orinaba, por lo que me resistí para no viajar, pero la presión fue grande, y no quería echarle a perder el paseo, por lo que decidí, acompañarlos ya que íbamos varios.

Tras el viaje, el dolor fue intenso en la cintura y parte de mi estomago derecho, no pude comer, nos invitaron a un restaurante que ofrecía una cena similar a la de mi tierra natal, al llegar solo pasé al baño, vomité tanto y el dolor era ya insoportable, me dieron pastillas, pero no cedió, así que decidimos regresar, manejamos doce horas de nuevo, soportando el dolor, que cada vez era mayor, llegamos a la una de la mañana, al hospital, el Médico me atendió y me sometió a diversos estudios, creyendo que era apendicitis, pero me tubo que inyectar Morfina para el dolor, los vómitos continuaron, a las nueve de la mañana, me explicaron que eran piedras en los riñones y también en la vesícula, que no podía comer carne o sus derivados, pues tenía exceso de calcio, y que por eso se presentaba este problema. Me había sentido con mis pies y manos muy hinchadas tiempo antes, ahí entendí, por qué, además entendí por qué Dios me prohibió la carne y necesitaba el reposo, el problema era la desobediencia, lloré amargamente por ver la misericordia de Dios, quien era yo para que él se mostrará de tal manera conmigo, y el médico me confirmó lo que el Señor me comunicó dos días antes.

Los médicos decidieron que me hiciera todos los análisis, para poder operarme, me sometieron a varios estudios, pero me mantuve en reposo, el Dr. Rion, fue quien me informó que mis riñones, estaban bien, que ya no tenían las piedras, por lo que algo mas había hecho, porque me seguía doliendo los músculos de alrededor de mi cintura. Le dije: Dr. yo no se si usted me va a creer, pero Dios me trajo acá con una misión, y soy cristiana, le sirvo a Dios desde hace muchos años, y El me visitó en mi cuarto, operándome, él solo me miró y replicó: Sí Dios, es un Dios de milagros, ¿Que te dijo El acerca del dolor en los músculos? No, no me dijo nada. Vamos a esperar, tres semanas, para dejar que Dios termine lo que empezó.

Me llené de gozo, mis riñones estaban bien, si el Médico, reconocía la obra de Dios, me fui donde mi Pastor, diciéndole lo que había pasado, el Pastor me miró y me dice - Será eso verdad hermana, que Dios le sanó?. En verdad encontré más fe, en mi médico que en mi Pastor.

Pasaron dos meses,y el dolor aun continuaba, fue cuando, me presenté delante de mi Señor, supliqué que era lo que pasaba, por que el dolor persistía, si el doctor confirmaba la obra de Dios y la sanidad, fue cuando el Señor, me explicó "He puesto una protección especial, para sostener los riñones, y es incompatible con las carnes rojas, no comerás más de dos veces por semana, y tomarás cuatro vasos de agua diarios." Dios tubo que poner esa protección especial, debido a la Distrofia Muscular que debilitó muchos los órganos internos.

En la siguiente visita al médico, me indicó que tenía dos tumores, en la garganta cerca del bocio, que por muchos años no me preocupé que ahí, estaba, me dijo - dichos tumores a su concepto eran cancerosos, y necesitaba que me hiciera, todos los análisis. Me hicieron la biopsia, para determinar el cáncer en mi garganta, esperaría una semana, por el resultado, en esa semana de espera, oré sin cesar,

Jesucristo vino a mi diciendo: "No se turbe tu corazón, no digas, o pienses que tienes cáncer, porque no lo tienes, pero sí, te operarán tu garganta, no temas, yo le llevaré la mano a esos médicos, y todo saldrá bien".

BENDICION DE REGRESAR A VISITAR MI TIERRA Y MI PARENTELA.

Quería, visitar a mi familia ya habían pasado casi ocho años, sin verlos, por lo que oré y continué clamando para poder ir, no tenía dinero, y necesita una buena cantidad, para los tiquetes, de mi hijo y de mí. Solicité en el banco un préstamo, ellos me ofrecieron tiempo antes que podía sacar hasta diez mil dólares, pues este banco me financió doce mil dólares para el carro y Jehová ya lo había pagado, por lo que no les debía nada.

El banco me escribió, diciendo que no me podrían prestar nada, hasta pasados cuarenta y cinco días, llevé esto a la presencia de Dios, como haría para ir a mi país, sin dinero, lo que yo recibo es bien poco, en el servicio al Señor, pero todo estaba en sus manos "Deja todo en mis manos, yo se lo que estoy haciendo" fue su respuesta.

Por varios meses he estado estudiando en la Escuela de Ingles, todos los profesores y compañeros se dieron cuenta, que me estaban dictaminando cáncer, ellos también sabían que mis oraciones estaban inclinadas para ir a mi país, Así que ellos recolectaron el dinero para comprar mi tiquete he ir a visitar mi familia. Fue una gran sorpresa que ellos hicieran algo así, solo pude ver la mano de Dios obrando un milagro, Dios les ha de bendecir por este gran gesto.

Por fin recibí la respuesta del Médico, donde me indicaba que no tenía cáncer, pero que si me operarían, solo lloré, esa grandeza de Dios es única. Mi familia me prestó el otro dinero para el tiquete de mi hijo, y al llegar a allá, realicé un préstamo, que a la verdad fue una bendición, porque lo que hay que pagar es muy poco, comparado si lo hubiera sacado acá donde vivo.

Visité mi familia después de casi ocho años de no verles, ya que ellos se quedaron en mi tierra, encontré a mis padres mas ancianos, y a mis hermanos con sus hijos grandes, no podía creer los chicos, que deje estaban pequeños, ahora, eran hombres elegantes y con novias, Dios; los años pasan, ¡Cuan importante es vivirlos en Dios!, para no decir como el Salmista, Eclesiastés 12:1 "Acuérdate de tu Creador en los días de tu juventud, antes que vengan los días malos, y lleguen los años de los cuales digas: No tengo en ellos contentamiento."

Mi hermana, quien es Pastora, junto a su esposo, tiene una Iglesia cuyos miembros luchan cada día junto a ellos, esa semanas que participe con ellos hubieron muchas liberaciones, las personas llegaban desde la mañana, y era tarde de la noche, y no se querían ir, orando y comentando la obra de Dios.

Esta congregación tiene muchas necesidades materiales, por lo que ellos idearon traer y intercambiar los alimentos, si a uno le sobra arroz, trae y lo cambia por frijoles, si uno tiene aceite, lo cambia por otra cosa, de esa manera, todos van llenando sus necesidades.

Nos trajeron a una joven de diecinueve años, que presentaba una joroba en su espalda, estábamos unos cinco reunidos para clamar y presentarla delante de Dios, esta joven aceptó a Cristo, y luego pedimos al Señor que le tocara, ella comenzó a llorar y a retorcerse en forma de calambres se le doblaron todos los músculos; cayó al suelo, mientras gemía, le ordenamos a Satanás, no hacerle daño, cuando se tranquilizó le preguntamos que había algo en la vida de ella, que necesitaba perdonar, para que Dios le liberara de ese odio que llevaba tan profundo.

Lloró, amargamente y nos comentó que sus dos hermanos mayores abusaron de ella (la violaron) por mucho tiempo, Dios trató con ella, y le sanó sus heridas, quedó libre para la honra y gloria de Dios, su joroba desapareció, su blusa estaba bien floja ya que se las diseñaban especiales para cubrir su espalda abultada.

Así, fueron muchos milagros, para cuando me venía, todos lloraron, en especial mi madre, están ancianos, pero fuertes en Dios. Al llegar donde mi prima Gladis habían unas treinta personas para despedirse, para ellos era increíble que alguien en silla de ruedas viaje tan lejos, ellos no estaban para decir adiós, si no para comprobar como haría para viajar y vivir en otro país, ya que la única persona que me acompañó y mi ayuda para todas partes para servirle a Dios, es mi hijo, que solo tiene doce años.

SEÑOR AUMENTANOS LA FE

Al regresar de visitar mi tierra y mi parentela, tenía programadas dos operaciones las cuales no dejaban de ser peligrosas ya que una de ellas era de la garganta, donde me encontraron los dos tumores que por la gracia de Dios no eran cancerosos, la otra era una biopsia que me practicarían en la pierna, por que el Médico sabe que tengo Distrofia Muscular, pero no se sabía de que tipo, se conocen que hay nueve tipos.

Me realizaron la biopsia, que no indicó ningún resultado debido a que el músculo está muy deteriorado, el especialista quería volver a realizarme la biopsia, y teníamos la oportunidad, cuando me operaran de la garganta, por fin llegó el día y me explicó el Médico que me sacaría la Tiroides, el Bocio, los dos tumores, y me realizarían la biopsia de nuevo.

Una semana antes el especialista en los pulmones, me revisó, ya que presentaba problemas respiratorios, los exámenes indicaron que tenía, muy débil los bronquios y los pulmones, por lo que necesitaba una anestesia especial. Unas horas después de la operación; comencé con problemas respiratorios, me pasaron a cuidados intermedios y después a recuperación. Gracias a Dios todo salió bien, se que muchos hermanos oraron por mi recuperación.

Once días más tarde me comí una ensalada, el dolor me comenzó, pasados dos días estaba de nuevo en el hospital, en emergencias, recibiendo la noticia que necesitaba una tercera operación, está vez de la vesícula, la cuál, el Médico me había explicado que podría molestarme, por los síntomas que anteriormente tenía, pero la verdad que no creí. Que me llevaría dos operaciones en términos de doce días.

Orando a Dios, en la madrugada El me explicó que había permitido las dos operaciones, porque quería que me recuperará, pues la obra que El me trajo a hacer aún debía continuar, solo que esta vez necesitaba que me aumentará la fe, pues la enfermedad (Distrofia Muscular) me avanzó tanto que no era capaz de levantarme por mi misma, ni para ir al baño, así que necesitaba de un ángel cada día para ayudarme y continuar la obra de Dios.

Muchas veces pensé en regresar a mi país, pero cuando se lo comunicaba a mi hijo, él solo me explicaba que allá no tendría la misma oportunidad en los estudios, además no escribía Español, es un problema muy grande, el niño llegó a este lugar, de tres años, se acostumbró a el idioma Inglés y pensar en el regreso a nuestro país, le asustaba, es ahí, donde pienso que hacer, por otro lado está, el servicio a Dios, que aún no me ha dicho que me puedo ir. A pesar de que la enfermedad ha aumentado, y lo que más puedo hacer es vía telefónica, ya que aun me estoy recuperando de las operaciones.

El Señor me dio un carro, pues sabía la necesidad que tendría tanta gente y me incluía a mí, pero en tiempo de invierno se daño una pieza del carro, fue el peor tiempo pues las operaciones y la enfermedad, me tenían mal, y no tenía dinero, cuando el Señor me ordenó poner el auto en el taller, necesitaba un mecánico y a este joven en unos de los viajes que hice a otro Estado le di un aventón, para esta ciudad, así que mi auto necesitaba arreglo, él me dijo que trataría de ayudarme, se llevó el carro y lo revisó, diciéndome que eran trescientos cincuenta dólares, el arregló.

Tres días después me llamó el mecánico para decirme que el arreglo costaba ochocientos dólares, ¡Wow! si no tenía trescientos cincuenta, de donde sacaría ochocientos, entonces oré, sabía que el Dios a quién sirvo es el dueño de la plata y el oro, Hageo: 2: 8 "Mía es la plata, y mío es el oro, dice Jehová de los ejércitos." Por lo tanto confié en que me daría ese dinero, y le autoricé que lo arreglara, una semana más tarde llega con el carro perfectamente bien, pero con un costo de nueve cientos sesenta y siete dólares. ¡Dios! Pensé, ¿Qué haremos? Le pedí dos días para poner el dinero en el banco y le entregué un cheque.

La Iglesia me donó una ofrenda de doscientos treinta y ocho dólares, una hermana me entregó cien dólares, y así la cuenta la llevó, en unos cuatrocientos o quinientos dólares, el resto el Señor se encargó de ponerlos en el banco, Dios es maravilloso, por mi condición física no puedo trabajar en lo secular, por lo tanto me ejercitó en la fe y la confianza en Dios, sobre todo en el servicio a Dios, a través de amar y ayudar a los demás.

MODELO PARA OBTENER "UNO MÁS"

Clamando delante de Jehová en medio de la congregación, donde todos los hermanos son de diferentes procedencias, todos oraban unánimes Dios envió bendición, y explicó: El tiempo de la gracia está pronto a terminar y el Señor quiere que todos los hombres procedan al arrepentimiento y que busquen a Jesucristo el Hijo de Dios Viviente, que levanten sus manos sin ira ni contienda y que se amen, sin pedir nada a cambio.

El Señor desea que se realice una campaña Evangélica denominada "Uno Más". Proclamad ayuno y asamblea, para realizar está Campaña de Evangelización: El objetivo de esto es:

Que se salve, busque del Señor, que se sane, que ame, que sirva, que alabe, que de testimonio.

Buscar un lugar apropiado al aire libre, para llevarla a cabo; se hará por una semana, la Iglesia saldrá a visitar y a invitar: Está Evangelización debe llevar. Adoración, Alabanza, Predicación, Oración.

Esforzaos para entrar al reino de los cielos, porque el fin se acerca. Aun hay tiempo de Gloria.

2 Crónicas, capítulos 6 y 7, Revelan la oración que Salomón realizó en favor del pueblo de Israel, a sabiendas de la necesidad que apremiaba en aquella época de edificarle casa a Jehová y ver su Gloria llenar el Templo, aún cuando Salomón sabía que los cielos y los cielos de los cielos, no podrían contener toda la Majestad del Poder y la Sabiduría de Dios.

El pide una asamblea donde los hermanos estén concientizados que el Señor, es quien obrará conforme a la medida de la Fe, contando con todo cuanto Jehová edifique, sabiendo que si hacemos su voluntad, El nos bendice de acuerdo a las riquezas en gloria en Cristo Jesús.

La fiesta solemne que habla 2 Crónicas 7: 8-9 "Entonces hizo Salomón fiesta siete días, y con él todo Israel, una gran congregación, desde la entrada de Hamat hasta el arroyo de Egipto.

Al octavo día hicieron solemne asamblea, porque habían hecho la dedicación del altar en siete días y habían celebrado la fiesta solemne por siete días". Esto es una campaña de una semana, para proclamar el amor, la bondad y el poder de Cristo Jesús, crucificado y resucitado.

En 2 Crónicas: 7:10 "Y a los veintitrés días del mes séptimo envió al pueblo a sus hogares, alegres y gozosos de corazón por los beneficios que Jehová había hecho a David y a Salomón, y a su pueblo Israel". Este porción Bíblica, describe el poder absoluto del Espíritu Santo, actuando en el pueblo que dispuso su corazón hacer la voluntad de Dios.

Dios hoy está dispuesto ha demostrarle al hombre que le ama, que no quiere que se pierda en el dolor, el sufrimiento, la angustia, la soledad, la tristeza, el desánimo y su propia maldad, sin tener la oportunidad de mirar que el que lo creó, está ahí, extendiendó su mano, invitándole a que tan solo tome el alimento que El sirvió.

El puso a Cristo Jesús aquí en la Tierra, para decirle al hombre, "Te amo" y no quiere que nadie se pierda; hoy por hoy el ser humano, no ha entendido que la Sagrada Escritura es una guía según: 2 Timoteo 3:16 "Toda la Escritura es inspirada por Dios, y útil para enseñar, para reargüir, para corregir, para instruir en justicia". 1 Timoteo 2:5 "Porque hay un solo Dios, y un solo mediador entre Dios y los hombres, Jesucristo Hombre".

Cada día, que se camina en el Señor, miramos cuanta oscuridad ah puesto el enemigo en la mente y el alma del hombre, éste no alcanza a comprender, el porque de tanto dolor, amargura y desamor que hay entre los seres más allegados y las amistades que les rodean día a día.

Tu que estas cansado, con tu alma abatida y el camino se hace más difícil de andarlo, solo te queda una puerta, debes de clamar y pedir, se te abrirá, buscarla y la hallarás, llamarás y El te responderá, vendrá a tí como el sol de la mañana, pues él está ahí, y quiere ayudarte a salir del mundo donde has caído. Te recordamos que solo El tiene el Poder para sacarte y hacerte libre, pues Jesucristo pagó el precio en la Cruz del Calvario, resucitó y se sentó a la derecha de su padre para interceder por tí, dándote hoy:

Libertad, sanidad, salvación, perdón, amor, paz, bendición, fortaleza, confianza, esperanza, vida, resurrección. Conociendo el favor de Jehová, su eterno poder y su bondad se que donde esté y le busques con un corazón sincero, El estará y no se negará.

A través de los años Dios ha demostrado, usando al Espíritu Santo, cuanto ama al hombre, el ser humano tiene una eterna búsqueda que lo amen y lo acepten, es un vació que está en nuestro interior, que solo Jesucristo, lo puede llenar.

Cuando no has conocido al Señor como un ser real, fiel y verdadero, buscas en el mundo como llenar ese vació. La ausencia de Jesucristo en la vida del hombre le permite, toda clase de vicios, deseos carnales, desviaciones sexuales, maltrato físico y espiritual, de quienes son más débiles.

Has venido buscando a Dios, bien has hecho, pero hasta que Cristo opere en tu corazón, tu vida va a ser cambiada y transformada día a día, por su eterno poder y deidad.

Jesucristo les dijo a los discípulos que les convenía que él se fuera: San Juan: 16- 7 "Pero yo os digo la verdad; Os conviene que yo me vaya; porque si no me fuera, el Consolador no vendría a vosotros; mas si me fuere, os lo enviaré". Jesucristo se fue al cielo y el Espíritu Santo vino para guiarnos a toda verdad y el tomará de lo de Jesús y nos lo dará a saber, el toma el conocimiento, sabiduría e inteligencia del Padre y del Hijo, para darnos el deseo de buscarlo y hacer su perfecta voluntad.

TESTIMONIO, DIOS CONTESTA LAS ORACIONES

Son muchas las llamadas pidiendo oración, pero también son muchas dando testimonio, de que Dios contesta las oraciones, no es sorprendente que pase lo que a Jesús, cuando sanó a los leprosos, que solo uno, se devolvió a darle la gloria a Dios, Lucas: 17 -12 -15 "Y al entrar en una aldea, le salieron al encuentro diez hombres leprosos, los cuales se pararon de lejos.

Y alzaron la voz, diciendo ¡Jesús, ten misericordia de nosotros!

Cuando El los vio, les dijo: Id, mostraos a los sacerdotes. Y aconteció que mientras iban, fueron limpiados.

Entonces uno de ellos, viendo que había sido sanado, volvió, glorificando a Dios a gran voz."

Maria, ella vino un tiempo atrás, una pareja le ofreció maravillas cuando ella estaba en su país, para que se viniera, pero al llegar acá no le ayudaron por lo que alguien que me conocía, me llamó para decirme que si le ayudaba, era una noche a las diez y veinte, cuando la recogí, con su maleta, me dijo que si la recibía en casa, le expliqué que era Cristiana, y que le servía a Dios, que si me permitiría orar; ¡Claro que sí! exclamó, oramos y el Señor le dijo a ella, "Que la llevaría al Sur, que se preparará por que vendrían tiempos difíciles, que lo buscara de todo corazón". En una semana, ella ya estaba trabajando.

Ella vivió seis meses en este país, y decidió marcharse a su patria, no supe de ella, hasta que me avisaron que tenía cáncer, le llamé y oramos, confiando en Dios que todo saldría bien.

María me contó que, al llegar allá, el trabajo que tenia se lo cambiaron enviándola al Sur del país, donde poco tiempo después ella se sintió mal, lo que no imaginaba era que tenía cáncer, los Médicos le encontraron el cáncer en el Colon, y le efectuaron una operación que de no funcionar no podría hacer del baño, normalmente, si no por su estomago, habían pasado ocho días y el doctor le explicó, que le daría un día más nada más, si no tendría que operarla de nuevo, para que pudiera hacer del baño.

A las cinco de la mañana una luz invadió su cuarto, y sintió deseos de correr al baño, el médico, estaba feliz, porque la operación había sido todo un éxito, el éxito es de Cristo, pues Isaías 53: 4 -5 "Ciertamente El llevo nuestras enfermedades y sufrió nuestros dolores; y nosotros le tuvimos por azotado, por herido de Dios y abatido. Mas El herido fue por nuestras rebeliones, molido por nuestros pecados; el castigo de nuestra paz fue sobre El, y por su llaga fuimos nosotros curados".

Después de un tiempo ella, me escribió, estas palabras:

"Hola amiguita te mando muchas bendiciones y espero que ores por mi, pues tu oración se hizo vida en mi"

Dios la había llevado al Sur y los tiempos anunciados se cumplieron, que eran difíciles. Pero también le demostró que estaría con ella. Confió en su recuperación. Dios es bueno.

REVELACION DE LA PALABRA.

Una mañana una joven que recién se convirtió al Señor, me preguntó que en un estudio anterior le enseñaron que Dios no destruiría la tierra con agua de diluvio otra vez; como lo hizo, en tiempos de Noe. Génesis 9: 11-12 - 13 "Estableceré mi pacto con vosotros, y no exterminaré ya más toda carne con aguas de diluvio, ni habrá más diluvio para destruir la tierra. Y dijo Dios: Esta es la señal del pacto que yo establezco entre mí y vosotros y todo ser viviente que está con vosotros, por siglos perpetuos. Mi arco he puesto en las nubes, el cual será por señal del pacto entre mí y la tierra."

La pregunta vino debido al Tsunami el cual destruyó a once países en Sirilanka, donde el Mar se salió dando muerte y destrucción. Me considero una persona con bastante conocimiento acerca de la Biblia, pero en ese momento no podía responderle ya que sabía que el diluvio fue mundial, pero esta invasión del mar en la tierra era parcial. Fui en oración para consultar al Señor acerca de esto.

El Espiritu Santo me enseñó en Amos: 9- 5-6 "El Señor, Jehová de los ejércitos, es el que toca la tierra, y se derretirá, y llorarán todos los que en ella moran; y crecerá toda como un río, y mermará luego como el río de Egipto.

6- El edifico en el cielo, sus cámaras y ha establecido su expansión sobre la tierra; <u>El llama las aguas del mar, y sobre la faz de la tierra las derrama</u>; Jehová es su nombre. Basado en esta palabra, El podría hacer muchos Tsunamis, pero su amor es infinito para con el ser humano, infiel y pecador.

SUEÑO E INTERPRETACION.

Una noche orando al Señor por tantas desgracias que hay en el mundo, y las oraciones son continuas, respecto a esto. Me acosté a descansar, esa noche fue especial, debido al sueño que tuve. El Señor me mostró una azotea que tenía mucha gente y sentí una presencia extraña, que me arrastraba, sabía que esto no era de parte de Dios, así que clamé a Dios que me perdonará, El Señor me levantó y comenzó a profetizar, "Así dice Jehová y jura por si mismo, porque no tiene por otro por quién jurar, que muy pronto remeceré la Tierra de sus cuatro extremos, como se remece una hamaca. Pero para que veas que yo te he hablado hoy mira". Me acerqué a la azotea del edificio donde estaba, y mire ríos de lodo que llevaban de todo, casas, autos, lo que más me llamó la atención era un trailer que iba en ese río, su chofer me miraba, (como pidiendo ayuda) pero no podía ayudarle. Ya que yo estaba en la azotea y el río se llevo todo.

Una joven estaba conmigo, ella y yo nos fuimos para la Universidad donde nos matricularíamos, éramos las primeras de toda la fila, cuando apareció un hombre y ordeno la fila, y ella y yo quedamos de último, ella me dijo que nos fuéramos, ya que no íbamos a alcanzar la matrícula. Mi respuesta fue que la Biblia dice que los últimos, serian los primeros y los primeros los últimos. Pero también se que el que persevera alcanza. Cuando me desperté, comencé a pensar en el sueño.

Por la mañana, le comenté a varias personas el sueño, una semana después se dio un huracán en Nueva Orleáns, llamado Katrina, que devastó todo, la ciudad se inundo en un ochenta por ciento. Cuando miré el agua enlodada que estaba en toda la ciudad, y la destrucción casi total del lugar, con perdidas materiales y humanas. El combustible comenzó aumentar su costo, me acordé del sueño, pues al subir el combustible, todo subió los alimentos, lo que necesitará trasportarse (el trailer en el sueño tenía ese significado) de ahí cuantos huracanes más han venido.

El Señor me indicó que remecería la tierra como se remece una hamaca. El Terremoto que devastó a la región de Cachemira fronteriza entre Pakistán y la India, mató a noventa mil personas en Pakistán y 1300 en la India. (Tomado de Noticias MSN Latino), dejando a su paso dolor angustia y sufrimiento, con una ciudad destrozada. No solo fueron estos desastres naturales hechos ahilados, si no que se han repetido en transcurso del tiempo.

Dios en su misericordia, no quiere la muerte del impío, El quiere que todos los hombres procedan al arrepentimiento. Solo que el corazón del hombre es de continuo al mal. Estudiando la palabra de Dios, conocemos a un Dios maravilloso que se preocupa por sus hijos, que nunca deja de tener sus brazos extendidos para proteger y bendecid a aquellos que lo buscan de todo corazón. Qué aunque seamos infieles el permanece fiel.

DIOS DA MAS DE LO QUE NOSOTROS PEDIMOS

Los hermanos siempre venian a orar los sábados por la tarde, les contaba el testimonio que Jesucristo me instruyó para hacer un presupuesto mensual, como siempre he vivvido por fe, El me enseñó a incluir todos los gastos mensuales,y todo fue bien hasta que la llanta del carro, se daño, y tuve que tomar dinero del presupuesto, para comprar otra. Cuando fui en oración al Señor para decirle que el dinero del presupuesto no alcanzo, ¿que había pasado?, me dijo que yo no había presupuestado el dinero de la llanta, y que debía añadir los improvistos, ya que si tomaba dinero del presupuesto para cubrir alguna cosa que no estaba dentro del presupuesto, me faltaría, así que aprendí a añadir para los improvistos.

Me tenía una silla de ruedas que por su uso estaba maltratada, que una intitución me donó; pero puse la aplicación para obtener una silla de ruedas eléctrica, clamé al Señor para que me bendijerá con esta allá, pero como el da más abundantemente de lo que nosotros pedimos, llegaron tres sillas eléctricas, de pronto vi la sala de casa que no se podia pasar, era una bendicion que Dios me dio. Oré a Dios por el problema físico pues Dios me brindó esas sillas para poder facilitarme, la vida, esa silla es de gran ayuda para poder movilizarme.

El plan de Dios es que continue su obra, confío en Dios, que me dará la sanidad, se que me levantará de esta silla, pues solo El podria hacerlo, ya que la Distrofia Muscular no tiene cura científicamente.

La vida no es fácil para nadie, menos sin conocer a Dios como tu Señor y salvador. He mirado tanta aflicción en las personas, y se ven sanas físicamente, pero sus almas son prisioneras de tantas cosas, hasta las emociones los traicionan, la Palabra de Dios nos enseña que Matero:21-22 Todo lo que pidieres en oracion creyendo lo recibireis.

Asi que en la Iglesia pusimos esto en practica, me conmovió el alma, mirar a una joven arrodillarse frente al altar, llorando desde el fondo de su alma, clamaba por su madre la cual tenia cáncer y ella ya contaba con un mes en el hospital, su cáncer se encontraba en el útero, por estar alojado en este lugar, el sangrado era continuo, esta joven terminó de clamar al Señor, cuando el Espiritu Santo me dijo que si la Iglesia se sometía a un ayuno de tres dias, el después tomaría la desición sobre la madre de ella.

La noche anterior a esto, una vecina llegó a casa para pedir oración por su nuera la cual estaba en el hospital por los últimos cuatro meses, ya que sus riñones le habían dejado de funcionar y la tenían conectada a una máquina de Diálisis, que le diera la función de sus riñones, me dolio la historia de esta joven, pues el esposo de ella estaba en la cárcel desde hacía tres años, cuando ella enfermó, el gobierno se hizo cargo de los niños.Debido a todo esto, nos sometimos ayuno, para que Dios en su misericordia sanara, restaura y consolara estas dos familias. Cuando clamamos tube una visión, vi al Señor visitarla en la cama del hospital e imponerle sus manos en los pies. Confié en su sanidad.

Oramos por la mañana, el primer día presentamos el ayuno y seguimos orando, cuando eran unas horas de ayuno Dios permitió que sintiera el dolor y el sufrimiento que esta hermana sentía en sus ovarios y todo por dentro, fue así como experimenté, lo que esta señora sentía, clamé a Dios con todo mi corazón, para que El sanara a ellas dos. Solo su poder y autoridad cumplirían esto, su amor y misericordia son perpetuas, conociendo su inmensa bondad esperamos en El. Antes de terminar la oración, Dios me reveló, que el día siguiente sería peor lo que experimentaría.

Continuamos el ayuno el siguiente día, la oración fue maravillosa pero El tenía toda la razón, al levantarme me dolía todo, hasta mis piernas, pude pensar, ¡ Dios! ¡Qué difícil para esta mujer tener ese dolor! Todo el tiempo confiamos en el Señor, que tomaría una decisión de sanidad completa para ellas. Nos pidió que el siguiente día para culminar el ayuno nos reuniéramos específicamente a las diez de la mañana, solo para que lo adoráramos y le diéramos la honra y gloria por los hechos maravillosos de El.

Una semana después la vecina que vino a pedir la oración, me visitó llorando junto a otra joven, y me dice hoy estoy segura que no padezco del corazón, cuando vi. Esta mujer adentro de la casa, pensé, que era un fantasma, ella es la joven por la que pedí que orara la semana pasada.

Ella estaba en el hospital con sus riñones dañados, con una fiebre que la hizo mudar su piel, y al verla al frente mío completamente bien, como si nunca hubiera sufrido nada, pensé, esta es la Gloria de Dios actuando. El Médico le realizé los exámenes y decidió mandarla para su casa pues ella no necesitaría más las máquinas para sus riñones.

Para el siguiente viernes, la mujer que lloró, en el altar, nos llamó, para comunicarnos que la madre de ella tenía la salida y que estaba mejor. El domingo en la Iglesia llegó con un semblante muy bonito, y contó su testimonio, el cual compartí, por lo que había sentido en medio del ayuno. Confiábamos y creíamos en la decisión que Dios tomó, era de sanarlas a las dos. Gracias a El por su amor y bondad. Días después hablé con la Pastora de la Iglesia, ella me confirmó que ellas estaban completamente bien y perseverando en el Señor. Gracias a El por lo que hace, no tenemos con que agradecer sus maravillas.

PROYECTO CASA DE ORACION PARA TODAS LAS NACIONES

Mi padre preguntó: ¿Cuándo iríamos a visitarle a nuestro país?, quería en mi corazón decirle un día en específico, pero no podía tomar decisiones, porque, se que Dios es quien tiene la última palabra, por lo tanto mi respuesta fue, estoy orando por ello.

Semanas más tarde, Dios me bendijo con el dinero suficiente para pagar los pasajes y ese verano nos fuimos mi hijo y yo, la silla de ruedas que me habían dado al ser eléctrica, era mejor y fácil para movilizarme, me la llevé también, que gran gozo poder moverme mas libremente. Cuando llegamos, las personas estaban sorprendidas de ver la calidad de las silla de ruedas, Dios me hacía recordar de cuanta oración y suplica al Señor para que me la diera. Con ella me permitió dar testimonio de la bendición y que realmente Dios responde la oración.

Por ese tiempo que estuvimos de visita en mi país, visitamos a un hermano que estuvo en la Iglesia profetizando, mientras este varón profetizaba, mi cuerpo se escalofriaba, porque él tiene una autoridad tremenda, en Dios. Me explicó

Dios, a través de él que aun me quedaba tiempo y un trabajo (proyecto) que realizar en Michigan, (Yo pensé que todo lo que Dios quería, lo había cumplido ya en este lugar). El principado de Satanás se levantaría contra mi, pero que no temiera que El me daría las estrategias para ganar la batalla, que confiara en El.

Debo destacar que sentí temor, que estaba acostumbrada a los ataques del enemigo, pero las dos cosas eran difíciles, el proyecto y el afrontar el ataque del enemigo.

Al regresar apoyé a una joven, que tenia un esposo agresivo y esquizofrénico, por apoyarla a ella, ese hombre me amenazó de todas formas, me acosó al extremo que lloré en la presencia del Señor; que me quitara semejante tormento. Fue así, que Jesucristo abrió las puertas en una institución del Gobierno para apoyar a esta joven y lograr sobre ponerse a esta adversidad. Por ende, esto me libró de tanto acoso de parte de este hombre, el cual Jehová me avisó de antemano.

Una madrugada me despertó el Señor a las dos de la mañana, para informarme, como podría comenzar su proyecto y el nombre del mismo, se llamaría Casa de Oración para todas las Naciones. El le buscó ese nombre ya que acá, hay una diversabilidad de cultura, ya que muchas gentes de diferentes pueblos, lenguas y naciones viven acá, pues aquí las personas vienen por diferentes razones, pero la mayoría por las Universidades que son muy prestigiosas. Y los otros por trabajo, buscando una mejor vida para sus familias y para ellos mismos. Solo que con el paso del tiempo a todos nos ha llegado el tiempo de las vacas gordas y las vacas flacas, para cuando el tiempo de estas últimas es que yo quiero estar preparada, para bendecir a otros.

El Señor, me explicó, en que consistía dicho Proyecto; que es la cosntruction de un edificio, donde se pueda levantar un área amplia para adorar y bendecid el nombre de Jehová, un área que tenga espacio para albergar a las personas, que lo necesitan, y que no tengan alimentos y donde vivir, y que no puedan pagar por ello. El edificio llevará tres plantas, tendría un espacio para apoyar con todo lo que necesiten, legal, espiritual, idiomático, social, físico, moral, el Señor me dirigió a los Pastores de l a Iglesia, que apoyaron la obra anterior y el día antes de la cita con ellos, el Señor me dictó objetivo, desarrollo, actividades, sugerencias para la obra, y al presentarles a los Pastores el Proyecto, ellos dijeron realmente esto viene de Dios. Y se comprometieron a apoyar la obra, estamos trabajando para los trámites legales.

El apoyo a las personas que sufren tantas cosas, abandono, rechazo, desilusión, etc. Son las que Dios las ha enviado a recibir amor, comprensión, cariño, compartir el pan con el hambriento, a que de una manera u otra no se sientan solos, es lo que hemos realizado en los últimos años acá, ahora el Señor busca un lugar mas amplio y dedicado enteramente para esto.

Las grandes obras que Dios realiza, en la vida de tantas personas, nos sorprenden de muchas maneras, el grupo de oración se reune cada sábado, y clamamos por un hombre, el cual tenía azúcar en la sangre, (Diabetes) esta enfermedad le había afectado por mucho tiempo y al convertirse al Señor quería ayunar, pero no era capaz de hacerlo porque necesitaba el alimento para poder nivelar el azúcar, así que clamamos y Dios puso su mano para sanarlo. Se sentía mareado, una vez que Dios le comenzó a sanar, El nos mostró, como fue cancelando, cada célula dañada, que estaba en la sangre de él. Al terminar la oración, declaró que se sentía mejor, este varón estaba por años con esta enfermedad, Dios fue quitando cada parte de este problema, y fue construyendo la sanidad, no solo de la Diabetes, sino también de su alma.

Pues esa situación era difícil, pero más difícil, era su afición al homosexualismo, el cual, lo llevó a recurrir a muchas acciones, que eran ataduras que Satanás uso para mantenerlo pactado, atando su alma y mente a un vació, Dios, solo El, podría cambiar su corazón y llevar la carga que este varón cargaba, la palabra nos dice: Mateo: 11-28 Venid a mi todos los que están trabajados y cargados, yo os haré descansar. Dios lo sanó mediante la liberación fue hermoso, verle después con sus manos levantadas y adorando a Jesucristo en la Iglesia.